AF359887

INSTRVCTIONS POUR LES ARBRES FRVITIERS.

DERNIERE EDITION.

Reveuë & corrigée par l'Autheur.

A PARIS,

Chez CHARLES DE SERCY, au Palais,
au sixiéme Pillier de la Grand'Salle, vis-à-vis
la montée de la Cour des Aydes, à la
Bonne-Foy Couronnée.

M. DC. LXXVI.

LE LIBRAIRE
AU LECTEUR.

APRE'S la mort de Mr Vautier, premier Medecin du Roy, & un des plus curieux du Royaume, on a trouvé au nombre de ses Livres qu'il cherissoit le plus, ce Manuscrit, qui traite de la façon & facilité de bien planter, cultiver, tenir, & entretenir toutes sortes d'Arbres en Espaliers, contr'-Espaliers, Hayes d'apuy, Buissons, Arbres de haute tige, ou en plein vent, & toutes sortes de Pepinieres ; que les plus Curieux en ces sortes de Plants ont jugé que tous ceux qui avoient écrit de ces matieres n'avoient point

A ij

AU LECTEUR.

rencontré un si fort raisonnement, ny
traité si nettement de tout ce qui se
peut souhaiter pour la conservation
des Arbres & des fruits : du temps de
les cueillir pour les bien conserver ; de
la distinction des Saisons dans les-
quelles ils meurissent ; & quand il est
à propos de les cueillir & manger.
C'est pourquoy voyant l'approbation de
tous les plus Sçavans ; & desirant servir le Public, & contenter des person-
nes Illustres qui m'ont convié de le
mettre sous la Presse , je l'ay facilement accordé.

INSTRVCTIONS
POUR LES
ARBRES FRUITIERS.

1 Es arbres fruitiers se conside-
rent, ou selon la differente na-
ture des fruits, ou selon les di-
verses figures qu'on donne aux
arbres cultivez.

2. En la premiere façon, la division ge-
nerale & plus commune est, des fruits à
noyau, comme Cerises, Prunes, Pêches:
Et des fruits à pepins, comme Pommes &
Poires.

3. En la seconde on éleve les fruitiers
avec succez en quatre façons. En grands
arbres hauts de tige, qu'on appelle ordinairement à pied droit; En espalier le
long des murailles; En haye d'appuy, ou
espalier en plein air, contr'espalier, &
en buissons.

4. Toutes sortes de fruits peuvent estre
élevez en quatre manieres; neantmoins

il y en a qui reüffiffent mieux en l'une
qu'en l'autre : Ce qu'il faut remarquer en
traitant de chacune feparément, fans dif-
courir generalement des fruits à noyau, &
des fruits à pepins, puis que l'une & l'autre efpece fe rencontrent dans ces quatre
figures.

Des arbres élevez en haute tige : quand &
comment il les faut planter.

1. CEtte figure eft plus naturelle aux
fruitiers qu'à aucun autre, car l'experience fait connoiftre que tous les Pommiers, Poiriers, Abricotiers, & auffi les
Cerifiers & Pêchers, d'eux-mefmes (quand
on les a laiffez en leur liberté) pouffent
une tige, & s'élevent de terre jufqu'à une
certaine hauteur, avant que de former leur
tefte & d'étendre leurs branches. C'eft
pourquoy plufieurs croyent que les fruits
qui viennent fur cette forte d'arbres, font
meilleurs, & d'un goût plus favoureux
que ceux qu'on cueille dans les efpaliers &
dans les buiffons, & leur croyance eft ve-
ritable pour la plus grande part des fruits,
particulierement pour le Rouffelet qui eft
un des plus excellens de tous.

2. Les plants de cette forte, font pro-

pres pour les Pommiers qui ne doivent point estre mis en aucun autre, si ce n'est que par plaisir ou curiosité, on fasse des buissons de Pommiers de Paradis greffez. Ils sont aussi fort bons pour toutes les Poires dures qui se cuisent l'hyver, & presque pour toutes les Poires d'Esté ou d'Automne. Les Pruniers y reüssissent aussi fort bien, & les Cerisiers, particulierement ceux qui sont entez sur des Merisiers, comme aussi les Bigarotiers & Griotiers. Mais pour bien faire, il ne faut point mêler ces differentes especes ensemble, parce qu'elles demandent une distance inégale, les fruits à pepins devans estre plus éloignez que ceux à noyau.

3. Il y a deux choses principales à y observer; La premiere est, la bonté du terroir; Et la seconde, l'abry des vents.

4. Pour la premiere, on ne doit presque jamais entreprendre de faire cette sorte de plants, si la terre qu'on y veut employer n'est bonne, car autrement il faut faire de grande dépense pour les faire reüssir, & bien souvent cette dépense se trouve inutile, les arbres venans à manquer lors qu'ils devroient estre en leur perfection, quand ils ont pris leur croissance plûtost par l'artifice qu'on y apporte, que par la bonté du fonds de la terre.

5. Il faudroit faire un grand discours pour expliquer les differentes natures des terres, & les marques de leur bonté ou de leur sterilité. Tous les Jardiniers, & tous ceux qui cultivent la terre, en ont assez de connoissance par leur experience. Et il suffit de remarquer en general, qu'il y a des terres propres pour toutes sortes de fruits, tant à noyau qu'à pepins, comme le sable noir, quand il se trouve gras, & la terre franche quand elle n'est pas trop forte, & qui se remuë aisément, parce que dans ces sortes de terre, les arbres trouvent beaucoup de suc pour se nourrir, & étendent facilement leurs racines pour attirer leur nourriture de tous costez. Il y a d'autres terres qui sont fort bonnes pour certains fruits, & non pas pour les autres, comme la terre bien forte est plus propre pour le Pommier que pour le Poirier, & plus encore pour le Poirier que pour les fruits à noyau. Et tout au contraire, les terres sablonneuses & legeres, sont plus propres pour les fruits à noyau.

6. Pour l'abry des vents, il faut choisir une situation qui n'y soit point exposée : C'est pourquoy les plaines & le haut des montagnes, ne valent rien pour les plants. L'enfoncement des vallées, ou les pentes douces des collines, y sont beau-

coup plus propres. Mais il faut remarquer que les vents sont à craindre pour deux choses ; La premiere, pour la gelée au Printemps, lors que les arbres sont en fleur, & c'est le vent de Galerne & de Septentrion, qui sont les plus à craindre pour ce sujet. La seconde, pour leur violence & impetuosité qui fait tomber les fruits, & rompt souvent les arbres, ou au moins les fatigue en telle sorte, qu'ils viennent tortus & ne peuvent reüssir : Et c'est le vent qui souffle entre le Midy & le Couchant, qu'on appelle ordinairement vent d'aval à la campagne, qui est le plus à craindre pour ces accidens. Et comme ordinairement on ne met dans ces sortes de plants que des fruits robustes qui s'y défendent bien des gelées , & que mesme le vent empêche aussi souvent la gelée qui l'amene ; il faut plus prendre garde à mettre un fruitier à couvert des grands vents qui viennent entre le Midy & le Couchant, que du Septentrion & de la Galerne.

7. Ces deux observations bien faites, quand on veut faire un plant de grands arbres en bonne terre, il faut les espacer si on ne plante que des Pommiers, de huit toises en huit toises, par ordre de Quinconce qui forme des allées en tous sens,

ou par simples allées qui se répondent seulement l'une à l'autre, & sur deux lignes droites. L'ordre de Quinconce est plus agreable, pourveu que les arbres soient fort éloignez les uns des autres, car autrement ils se pressent trop dans cette disposition, & se portent ombrage de tous côtez. Si on mêle des Poiriers en égal nombre avec les Pommiers, six ou sept toises de distance suffiroit, & pour les Poiriers seuls il n'en faut que six.

8. Quoy que tous ceux qui plantent font des fautes dans cette distance, car ils veulent avoir quantité d'arbres, & croyent qu'ils n'employeroient pas assez utilement leur terre, s'ils ne les pressoient davantage; cependant il est certain que deux arbres bien espacez, qui sont regardez du Soleil tout le long du jour, sans estre empêchez par aucun ombrage trop proche, valent mieux que vingt qui se touchent les uns aux autres, & qui s'entrenuisent. Et quand les plants sont trop pressez, on ne les connoist pas d'abord, mais justement au point qu'ils devroient entrer en leur perfection, ils deviennent inutiles : Mais quand ils sont éloignez de cette sorte, ils profitent toûjours de plus en plus, leurs fruits viennent en plus grande quantité, & en sont meilleurs, comme ayant receu

plus d'air & de Soleil. De plus, ils n'empêchent pas que la terre ne soit aussi employée à rapporter de toutes sortes de grains & le labour qui sert à l'un, profite aussi beaucoup à l'autre.

9. Cette distinction des arbres & distances égales, est fort necessaire, non seulement pour la satisfaction des yeux qui se plaisent dans cette symmetrie; mais aussi parce que cette distance égale fait que la terre leur partage également la nourriture, & leur donne des forces égales.

10. La distance des arbres estant ainsi marquée, il faut faire des trous pour les planter, qui soient foüillez de six pieds en quarré ou environ, & de deux ou trois pieds en profond : Si on les pouvoit faire une année toute entiere avant que planter les arbres, & que la terre qui en soit tirée, & celle qui demeureroit au fond, receut l'air, le Soleil & la pluye, pendant les quatre saisons de l'année, sans doute les arbres reüssiroient beaucoup mieux : La raison est, que la terre estant froide & seiche de sa nature, qualitez qui sont contraires à la generation, ne peut rien produire d'elle-mesme, & ne devient fertile que par le mêlange des qualitez contraires qu'elle reçoit du Soleil, de l'air & de la pluye. C'est pourquoy la glaize & le tuf

ne produifent rien, parce qu'ils font fi épais qu'ils ne peuvent eftre penetrez par les autres Elemens. Il en eft de la terre en quelque façon comme de l'eau, la meilleure eft celle qui reçoit plus aifément, & plus promptement, les qualitez étrangeres qui luy font appliquées : C'eft pourquoy nous voyons par experience que la terre neuve tirée de quelque trou fort profond, demeure long-temps fterile, jufqu'à ce qu'elle ait receu fa fecondité, par la mixtion & la participation des autres Elemens, & alors comme une année, ou environ, aprés qu'elle aura efté tirée, elle commence à produire des herbes & des fimples. C'eft la raifon pour laquelle le deffus de la terre eft toûjours meilleur, plus gras & plus fertile que le dedans. Or fi la terre tirée de ce trou, avoit efté ainfi expofée long-temps à toutes les influences de l'air, fans doute qu'elle prendroit ces bonnes qualitez auffi bien que celle du fond du trou, qui les reçoit auffi particulierement. Et ainfi lors qu'on planteroit l'arbre dans cette terre, il la trouveroit bien plus propre pour fa nourriture, & en profiteroit bien mieux.

11. Cette regle peut fervir pour toutes fortes d'arbres, & principalement pour les tranchées des efpaliers, parce que cet-

te forte merite plus de foin que toutes les
autres : mais neantmoins elle ne peut jamais gueres eftre pratiquée, parce qu'il fe
trouve peu de monde affez patient pour
attendre une année entiere, quand ils ont
pris deffein de planter, & qu'ils ont dif-
pofé leur terre pour cét effet. Et il femble toûjours que cette longue preparation
fait perdre le temps que l'arbre employe-
roit utilement dans la terre. Pour les efpaliers, il y a encore un autre inconvenient qui l'empêche, qui fera expliqué en
fon lieu.

12. Donc les trous eftans ainfi faits, il faut
choifir des arbres tous d'une mefme hauteur, ou déja greffez, qui eft bien le
meilleur, pour les raifons qui feront expliquées en parlant des Pepinieres : Et s'il
ne fe peur autrement, des Sauvageons
pour les greffer de mefme hauteur de fix
ou fept pieds de tige, & fur deux ou trois
poulces de groffeur, car il faut toûjours
mefurer la hauteur fur cette proportion de
la groffeur ; qu'ils foient bien droits &
arrachez foigneufement avec toutes leurs
racines. Il eft fort bon de mettre deffous
leurs racines en les plantant, quelque a-
mandement, comme du terrau, ou du fumier bien pourry, & bien mêlé avec la
terre, pourveu que le fumier ne touche

point aux racines : car on peut aiſément faire du bien à un arbre déja planté au deſſus de la terre, mais on ne foüille plus au deſſous de ſes racines pour luy en faire de ce coſté-là.

13. Avant que porter l'arbre dans ſon trou, il faut rafraîchir la racine, en couppant les extremitez bien nettement avec la ſerpetre, & faut toûjours coupper par deſſous, en ſorte que la coupure & la playe ſoit juſtement poſée ſur la terre, car c'eſt par ces endroits-là que l'arbre pouſſe ſon premier chevelu, qui par ce moyen entré par le deſſus de la terre, & fait que l'arbre y prend corps, & s'y affermit.

14. Le fumier, le terrau, & tous les autres amandemens dont il ſera parlé pour planter les eſpaliers, ſont fort bons auſſi pour les grands arbres ; mais ils n'y ſont pas ſi neceſſaires. Et comme il ſeroit bien difficile d'apporter tous ces ſoins dans les grands plants qui occupent de grandes eſpaces, quand la terre eſt fort bonne, les arbres ne laiſſent pas de bien reüſſir ſans tous ces ſecours.

15. Il ne faut pas les mettre trop avant dans la terre, car outre que les racines trop enfoncées ne reçoivent pas aſſez les influences du Ciel, il arrive encore un autre inconvenient, qui eſt, que la terre de

deſſus eſtant toûjours la meilleure, & l'arbre recevant cette nourriture comme celle qui luy eſt la plus propre ; s'il eſt poſé trop bas, il pouſſe de nouvelles racines plus haut pour attirer la ſubſtance de la terre, & laiſſent ſouvent gâter & pourrir celles qui ſont plus bas, & cette pourriture incommode l'arbre, & le ruine ſouvent. Il ſuffit donc de poſer la racine un pied avant dans terre, & faut avoir ſoin de la couvrir avec de la terre menuë qui ne ſoit point en motte, & la mettre avec la main tout à l'entour des petits filamens des rcines, ou avec un bâton pointu par le bout, pour ne pas rompre les racines, afin qu'il ne demeure pas de jour entre la terre & la racine, car ce vuide engendreroit infailliblement la pourriture aux racines.

16. Il eſt bon auſſi de butter l'arbre, ou le motter trois pieds tout à l'entour de deux pieds de haut, & peu à peu en labourant par aprés, on abbat cette motte, & la terre ſe reduit à ſon ancien niveau.

17. Il eſt auſſi fort à propos d'empailler les arbres, en arrangeant de la paille tout autour de la tige, juſques à une certaine hauteur, par ce moyen elles ſe conſervent toûjours belles, la ſéve n'eſt pas

alterée par l'ardeur du Soleil, & se garentit de la mousse.

18. Si le pied de l'arbre n'est pas assez
fort pour se défendre des vents, on doit
l'appuyer d'un pieu, ou d'une forte per-
che, qui soit presque de sa hauteur : mais
il faut prendre garde que cét appuy ne soit
pas d'un bois quarré, ou qui ait quelques
nœuds ou arrests, de crainte qu'il ne bles-
sât l'arbre, & ne l'écorchât, il faut qu'il
soit rond, & attaché en sorte qu'il ne
serre point l'arbre, & qu'il y ait de la
paille ou du foin entre deux.

19. Quelques-uns rognent les arbres
avant que de les planter, parce que cela se
fait plus commodément lors qu'on les
tient dans la main, que lors qu'ils sont
plantez, & de plus, cela leur peut donner quelque ébranlement quand il faut
qu'ils souffrent la serpe estans déja posez
en leurs places. Mais aussi comme on
plante ordinairement au commencement
de l'Hyver, les gelées & les injures de
cette rude saison, incommodent quelquefois un arbre qui a receu ces playes-là tout
recemment, & penetrent plus dans son
cœur par ces ouvertures. C'est pourquoy il est meilleur d'attendre la fin de
l'Hyver pour les éteter, principalement
s'ils

s'ils sont greffez d'un an, ce qu'il faut faire en sorte qu'on ne leur laisse presque point de branches, afin qu'ayant moins de bois à nourrir, ils recueillent plus puissamment leurs forces, & les reprennent avec plus de vigueur. J'ay dit les greffes d'un an, car si elles sont plus vieilles, l'experience nous fait voir que la gelée ne fait pas mal à ces playes d'arbres comme le Soleil en Esté : c'est pourquoy il est necessaire d'y mettre de la bauge, principalement quand les branches que l'on a couppées sont grosses.

20. Il est bien à propos de ranger les arbres suivant leurs especes, par exemple, de faire une rangée toute entiere de pommes de reinette : une autre de poires d'Esté, le tout en sorte que les principaux fruits, & ceux qui sont les meilleurs, & qui se gardent le plus long-temps, soient en plus grand nombre incomparablement, que ceux qu'on veut avoir par curiosité seulement, & mesme que ceux qui ne durent pas long-temps, comme sont les fruits d'Esté, quoy qu'ils soient tres-excellens.

21. Dans tout le corps d'un plant composé de la sorte, on ne doit point mêler de fruits à noyau ; mais on peut bien en planter dans les allées qui l'environnent,

mettant les Pruniers , Cerifiers , Griotiers , Guiniers , Bigarotiers , de trois toifes en trois toifes , ou plus loin , mefme
particulierement pour les Bigarotiers , qui
s'étendent fort quand ils font entez fur le
Merifier.

22. Toutes ces inftructions prefupo-
fent une bonne terre , fans laquelle on ne
doit entreprendre qu'à grande peine cette
forte de plants , mais fe reduire feulement
aux efpaliers & arbres nains qui occupent moins de terre , & laquelle on peut
par confequent plus aifément preparer ,
en rapportant de bonne terre dans les lieux
fteriles & ingrats : Mais neantmoins fi
on a defir d'en faire en mauvais terroir ,
il faut ouvrir les trous de huit pieds en
quarré , & de trois de profondeur , & feparer le meilleur & le moins mauvais de
la terre qu'on en tire , qui eft ordinairement le deffus , d'avec le refte , puis remplir ces trous-là de cette terre choifie , &
d'autre terre qu'on y apportera de la meilleure qu'on pourra trouver , avec force
fumier bien confommé , & du terrau , ou
curure de marre ou d'étang , pourveu qu'elle ait efté tirée pour le moins un an au-
paravant , car autrement elle feroit trop
froide pour les arbres , & les feroit mourir; comme au contraire , le fumier eft

trop chaud, s'il n'eſt bien conſommé :
Et meſme, comme il a déja eſté remarqué,
il faut bien prendre garde que les racines
ne touchent au fumier, mais qu'il y ait
toûjours de la terre entre deux.

23. Les arbres reüſſiſſent bien en quelque terroir que ce ſoit, ſi on y fait cette
dépenſe. Neantmoins ſi c'eſt une glaize ou
un tuf ſi fort, que les racines des arbres
n'y puiſſent du tout entrer, ces trous-là
ne ſeroient pas encore aſſez grands pour
fournir à un arbre toute la nourriture qui
luy eſt neceſſaire pour ſa juſte croiſſance ;
& il faudroit encore les faire plus grands,
car autrement les racines des arbres venans à toucher cette terre qui leur eſt ſi
ennemie, demeurent tout court, & re-
tournent en elles-meſmes du coſté du trou,
dont elles ſont parties : elles font le meſme effet que les arbres qui ſont plantez
dans des caiſſes, & conſomment inçon-
tinent toute la ſubſtance de la bonne terre qu'on leur a donnée.

24. Les plants des grands fruitiers veulent eſtre labourez auſſi bien que les autres, & il faut leur donner au moins quatre façons l'année, ſi la terre n'eſt point
trop froide au Printemps, car ſi c'eſt de
la terre groüette froide, il faut attendre
la my-May ou plus tard, s'il tombe en

cette saison des pluyes froides, sinon au commencement & à la fin de l'Hyver, le plus profondement que l'on pourra, & deux fois pendant l'Esté seulement, pour faire mourir l'herbe, & pour empêcher que la terre ne se durcisse, & ne se hâle; il faut avoir grande confiance en l'adresse du Chartier, pour faire labourer tous ces plants à la charruë, on ne peut neant-moins labourer autrement toute la terre qu'ils occupent, quand ils sont de gran-de étenduë, si on ne veut faire des dé-penses excessives : Mais on peut prescri-re à celuy qui labourera à la charuë, de n'approcher qu'à une certaine distance des arbres pour éviter les accidens, & faire labourer le reste à la bêche & à la houë, ou au crochet.

25. Le labour profond qu'on donne aux arbres devant & aprés l'Hyver, fait plu-sieurs bons effets : il renferme la bonne terre qui est toûjours au dessus (comme il est expliqué en l'article dixiéme) au de-dans, pour fournir de nourriture à l'arbre: il met celle du dedans au dessus, pour la rendre meilleure & plus fertile par les mesmes raisons. Il faut que l'humidité & toute la graisse qui vient d'en haut, pe-netre dans le fonds de la terre, & qu'el-le se tienne toûjours souple & legere, &

par ce moyen aifément penetrable aux nouvelles racines qui pouffent, qui font comme de petites veines emulgentes, par lefquelles il attire fa nourriture de tous coftez.

26. Mais au contraire, en Efté il ne faut pas labourer bien avant de crainte que la chaleur ne penetre trop au dedans, & n'incommode les racines des arbres.

Et il fuffit que le labour faffe mourir les mauvaifes herbes, & empêche que la terre ne fe hâle trop par l'ardeur du Soleil.

27. On peut auffi faire des plants de cette forte, des fruits à noyau tenus en grands arbres : & ils font fort plaifans quand ils font feparez felon leurs differentes efpeces ; par exemple, une Cerifaye d'un cofté, une Prunelaye d'un autre, une Pêcheraye en un autre endroit : il faut cultiver ces plants de la mefme forte que les autres, & feulement obferver la difference des diftances. Les Pruniers, Abricotiers, & les Cerifiers, Bigarotiers & Griotiers, veulent eftre de trois toifes en trois toifes, ou mefme plus loin, felon la bonté de la terre. Les Cerifiers qui ne font point entez, ou qui font entez fur d'autres Cerifiers de racine, ne defirent pas un fi grand éloignement, &

il suffit de les mettre de douze à quinze pieds, les Pêchers de mesme : Mais il faut remarquer que les Pêchers & les Abricotiers, craignent bien fort la gelée & les grands vents ; c'est pourquoy ils ne peuvent reüssir, s'ils ne sont dans une situation avantageuse, qui les mettent à couvert de ces attaques.

28. Il y a deux saisons pour planter, l'Automne & le Printemps, car l'Esté n'y est propre du tout, à cause de sa grande chaleur, & que la séve des arbres est lors dans leurs branches, qui se desseicheroit en transplantant, & feroit ainsi mourir l'arbre : l'Hyver aussi n'y est point propre à cause des gelées, ou des grandes pluyes qui font que la terre n'a pas les dispositions necessaires pour recevoir les arbres, si ce n'est au terroir sec & sablonneux, où la terre ne se bat point, & ne se met point en mortier, en cét endroit on peut planter par la pluye. Le commencement du Printemps est bon pour plusieurs sortes de plants, lors que la terre commence à se desseicher un peu : mais pour les fruits, l'Automne est incomparablement meilleur que toute autre saison. L'on peut planter incontinent aprés la Lune de Septembre, c'est à dire à la my-Octobre ou environ, ou plûtost si une

gelée blanche arreste la féve : ce que l'on connoist lors que les feüilles jauniffent, parce que lors la féve quitte les branches, & fe retire dans la racine, & auffi toft que cela eft, il n'y a plus à craindre de remuer les arbres, car la féve de l'arbre n'eft point dans le cœur, mais dans l'écorce feulement : c'eft pourquoy nous voyons des arbres qui ont le cœur tout pourry, qui ne laiffent pas de rapporter de beaux fruits, la féve fe communiquant aux branches pour les nourrir feulement par l'écorce : c'eft pourquoy auffi-toft qu'elle ne paroift plus à l'écorce, il fait bon planter. L'avantage que l'on a de planter de bonne heure eft double, car on peut aifément en cette faifon choifir de beaux jours, & un beau Soleil pour cét effet, qui eft une chofe qui contribuë beaucoup à faire reüffir les plants : & la terre qu'on remuë lors eftant bien faine, & non pas encore trop humectée, s'émiette aifément autour de la racine, & luy conferve un bon gueret tout le long de l'année. Mais il y a encore une autre raifon bien confiderable, c'eft que les arbres plantez de bonne heure, reprennent avant l'Hyver, & fe trouvent déja tous forts, & tout accouftumez à la terre, lors qu'ils veulent pouffer au Printemps ; car la féve qui eſt retirée l'Hyver dans la racine ne laiſſe pas d'agir auſſi bien dans cette ſaiſon que dans les autres, & fait pouſſer du chevelu & de nouveaux filamens aux racines, l'experience l'apprend ainſi : & il eſt certain, que ſi l'on plante un arbre en bonne terre au mois d'Octobre, & qu'on le releve au mois de Janvier ou Fevrier enſuivant, on trouvera qu'il avoit pouſſé de nouvelles racines : ainſi par cét avancement on aſſure l'arbre contre les chaleurs de l'Eſté ſuivant ; & de plus, on gagne une demie année de ſa pouſſe.

29. Ce n'eſt pas tout d'avoir bien planté les fruitiers, & les bien labourer, il faut encore avoir ſoin de les amender, d'oſter les branches ſuperfluës, & d'empêcher que les bonnes ne ſoient incommodées par les inutiles. La nature tend toûjours à ſa perfection, mais elle n'y peut arriver qu'elle ne ſoit aidée de l'art. Les arbres ſe diſpoſent d'eux-meſmes, quand ils ſont en bonne terre, à la figure qui leur eſt la plus avantageuſe, mais il faut auſſi les ſecourir & les ayder, afin qu'ils y parviennent. Cela ſe fait avec la ſerpette quand ils ſont encore fort jeunes, ou que les branches qu'on veut oſter ſont menuës : & quand ils ſont plus forts, avec le ciſeau du Menuiſier & un maillet : mais il ne faut pas
y travailler

y travailler la premiere année ; car il fuffit
dans ce commencement que l'arbre repren-
ne, fans luy demander autre chofe. Il faut
recevoir de luy toutes les branches qu'il
nous veut donner, & il fera affez temps un
an aprés, pour en faire le choix, d'ofter le
mauvais & conferver le bon. Il en eft des
arbres qu'on plante comme des jeunes che-
vaux ; dans leurs premieres années on n'en-
treprend pas de les dreffer, mais on fe con-
tente de voir qu'ils prennent de la nourriture, & qu'ils profitent. Il faut neantmoins
travailler de bonne heure à tailler les arbres, c'eft à dire dés la feconde année : &
s'ils pouffent avec vigueur, on peut retrancher les inutiles dés la premiere année,
pourveu que ce foit en naiffant : car fi on
les laiffe groffir, il ne les faut couper que
l'année fuivante, à caufe que le jet eftant
gros, la féve feroit alterée par cette cicatri-
ce ; & outre ce il eft bien plus aifé de les
rendre bien formez quand on y met la
main dés ce temps-là, que fi on attend plus
tard, & l'arbre en fouffre moins, quand
on luy ofte les branches fuperfluës dés leur
naiffance, qu'alors qu'on eft obligé de luy
en couper de groffes qui font déja fortes.

30. On ne peut pas bien precifément pre-
fcrire ce qu'il faut pour tailler de grands
arbres. Il faut que l'œil & le jugement de

C

celuy qui y travaillera, luy servent de regle.
Seulement on doit remarquer en general,
soit qu'on taille de jeunes arbres nouvellement plantez, soit qu'on emonde ceux qui
sont plus avancez, qu'il ne faut point souffrir de branches qui croisent sur d'autres,
qu'il ne faut pas laisser trop de bois à un
arbre, & qu'il faut l'élaguer en sorte que
les branches ne s'offusquent pas l'une l'autre ; qu'il faut oster quantité de petites
branches qui poussent au dedans de l'arbre,
& qui ne portent presque jamais de fruits:
mais il faut avoir grand soin de couper fort
uniement ce qu'on oste, & fort prés du
tronc de l'arbre, afin que la séve qui en
vient, recouvre incontinent cette playe
d'une nouvelle écorce. Les ciseaux des Menuisiers sont extrémement propres aux
grands arbres pour cét effet. Il en faut avoir
de differentes largeurs, selon les branches
qu'on veut couper. Cét instrument donne
encore une grande commodité pour ce travail, quand on l'emmanche au bout d'un
morceau d'une demie picque rompuë, ou
de quelque autre bois de huit, dix & douze
pieds de long ; car par ce moyen sans monter dans un grand arbre, vous pouvez aisément en oster ce que vous desirez, &
vous choisissez toutes les branches mélées
parmy les autres, pour les couper avec

beaucoup plus de facilité qu'on ne feroit avec une serpe. Il faut aussi observer de couper & tailler les arbres toûjours en decours, & principalement à celuy de Janvier & de Fevrier, lors que la rigueur de l'Hyver & de la gelée, est déja passée. Ce n'est pas qu'on ne puisse tailler les arbres forts & robustes, dans le decours de Novembre & Decembre.

31. Toutes sortes d'arbres souffrent qu'on les taille, & qu'on les décharge de leur bois superflu, lors qu'ils sont dans leur jeunesse & dans leur croissance; mais le Pommier ne veut point perdre de ses branches quand il est un peu âgé, & qu'il est venu à sa perfection, parce qu'il a grande peine à se recouvrir, & souvent la pourriture s'engendre à l'endroit où on l'a coupé. Le Cerisier aussi, les Bigarotiers & les Abricotiers, n'aiment pas à estre emondez quand ils sont âgez, si ce n'est qu'on les étête entierement pour les faire pousser de nouveau bois. Le Poirier & le Prunier supportent plus aisément cette taille, mais le Poirier principalement.

32. Quand il y a du bois pourry dans un arbre, il faut avoir soin de l'oster avec une espece de ciseau creux, que les Menuisiers appellent une gouge, duquel on se sert de la mesme façon que du ciseau ordinaire. Il

est fort propre pour entrer dans le corps de l'arbre, & pour en tirer tout ce qui est sec & pourri, sans endommager le reste.

33. On empêche la mousse de venir autour des arbres en les empaillant, comme il a esté expliqué : mais quand elle y est venuë, il faut avoir soin de l'oster avec un coûteau de bois, ou en frottant l'écorce de l'arbre à laquelle elle est attachée, avec une toille neuve, ou un fort bouchon de paille aprés une pluye, parce qu'elle tombe bien plus aisément.

34. Comme les grands arbres ont beaucoup de proprietez communes avec les autres qu'on éleve en differentes figures, aussi plusieurs de ces instrumens qui sont faits pour eux, peuvent estre bien à propos employez pour les autres. Il est aussi certain, que si on veut prendre la mesme peine, & apporter la mesme preparation pour planter les arbres à pied droit, qu'on doit observer pour les Espaliers, ils reüssiront tout autrement mieux : C'est pourquoy les curieux qui ne veulent point épargner la dépense, peuvent faire la mesme preparation de la terre pour l'un & pour l'autre.

Des Espaliers.

1. ON appelle Espaliers les arbres palissez le long des murailles, qui sont

eſtimez avec raiſon plus que tous les autres plants , principalement pour quatre
choſes.

2. La premiere : la beauté, car ils ſervent
de grand ornement aux jardins , quand ils
ſont bien tenus , & qu'on les void tapiſſez
en bon ordre le long des murailles , & tout
couverts de leurs feüilles & de leurs fruits.

3. La ſeconde : la rareté de leurs fruits,
parce que les meilleurs & les plus rares ,
comme la bergamotte, & le bon-chreſtien
d'Hyver , & la pluſpart des Peſchers &
Pavis qui ne reüſſiſſent pas, eſtans en con-
treſpaliers , buiſſons, ou grands arbres,
viennent tres-aiſément en Eſpaliers.

4. La troiſiéme : la qualité de leurs fruits,
eſtant certain que ceux meſmes qui viennent bien en plein air, ſont incomparablement plus beaux en Eſpaliers , ſoit pour la
groſſeur , ſoit pour le coloris.

5. La quatriéme : leur abondance, qui eſt
telle, que quand un Eſpalier eſt bien tenu,
il faut preſque toûjours oſter plus de la
moitié du fruit dont il ſe charge , & bien
ſouvent beaucoup davantage aprés qu'elles ſont noüées. Au lieu que cette abondance eſt tres-rare dans les grands arbres,
& que ſi elle arrive une année, les deux
ſuivantes ſeront, ou tout à fait ſans fruit,
ou au moins avec fort petite quantité.

6. Tous ces avantages viennent de la chaleur du Soleil, qui est beaucoup augmentée
par la reverberation de la muraille, de l'a-
bry des vents , à la violence desquels les
arbres ne sont point sujets, en estans entierement garantis d'un costé par la muraille,
& des autres costez estant attachez , ils
n'en peuvent recevoir aucun dommage.

7. Aussi les Espaliers demandent plus de
soin & de travail que tous les autres plants:
& pour bien examiner tout ce qui est necessaire pour les mettre à leur perfection,
il est bon de considerer ce qu'il faut faire a-
vant que de les planter, pour la preparation
de la terre, & pour le choix du lieu, ce qu'il
faut observer en les plantant, & ce qu'il
faut faire aprés qu'ils sont plantez pour
les cultiver.

De ce qu'il faut observer avant que de
planter les Espaliers.

1. LA premiere chose que celuy qui veut
planter un Espalier doit observer ,
c'est l'exposition à un bon aspect du Soleil. L'art & le travail peuvent apporter
toutes les autres choses necessaires en quelque lieu que ce soit ; mais pour cela il est
impossible de l'avoir , si d'abord on ne l'y
rencontre.

2. Il y a deux bonnes expofitions qu'on doit toûjours employer en Efpaliers dans les jardins, pour les occuper aux paliffades & autres plants qui peuvent venir par tout ailleurs. La premiere eft, celle qui a le Soleil de porfil à fon lever, ou incontinent aprés, & qui le conferve jufques fur les deux ou trois heures aprés midy. La feconde eft, celle qui cōmence à le recevoir fur les dix heures du matin, & qui ne la quitte point jufqu'à ce qu'il foit couché. Ces deux expofitions font prefque égales, car elles ont autant de chaleur l'une que l'autre : neant-moins on remarque une certaine vertu principale dans le Soleil-levant, qui fait que les Efpaliers qui luy font expofez, font plus hâtifs, & que leurs fruits font plus colorez que dans l'autre expofition. Cela vient auffi de ce qu'à la fin de l'Hyver, & au commencement du Printemps, le Soleil regarde bien plus long-temps cette expofi-tion-là que l'autre, car il y eft prefque toû-jours depuis le lever jufques à ce qu'il foit couché. La feconde expofition a auffi un autre avantage, c'eft qu'elle eft moins fu-jette à cette incommodité de la gelée : la raifon eft, que la gelée ne gâte gueres les arbres au Printemps, fi ce n'eft quand le Soleil vient à donner deffus, lors qu'elle y eft affife ; car ces deux expofitions contrai-

C iiij

res font un combat dont l'arbre se ressent
si fort, que ses feüilles & ses fleurs en pa-
roissent toutes broüinées : mais quand la
gelée se dissoud avant que le Soleil ait donné dessus, elle ne gâte rien, & tombe puis
aprés comme la rosée. La premiere exposition recevant le Soleil dés son levant,
s'il y a de la gelée de la nuit sur les arbres,
ils se trouvent sujets à cét accident : mais au
contraire, le Soleil ne venant à donner
sur la seconde que sur les dix ou onze heures, s'il y a de la gelée de la nuit, elle se
fond & se dissoud entierement avant que
le Soleil y paroisse. Il y a aussi des terroirs
si brûlans, que la premiere exposition y est
trop chaude, & que les fruits souvent par
l'excés de la chaleur, ne peuvent arriver à
leur juste grosseur. Enfin toutes choses bien
considerées, la premiere est meilleure pour
les fruits qui demandent un tres-grand
Soleil, comme les muscats & les pesches;
& la seconde est autant à estimer pour les
poires.

3. Ces deux expositions sont les meilleures, non seulement à cause de la chaleur du
Soleil, qui est sans doute la principale raison ; mais aussi parce qu'elles donnent aux
Espaliers l'abry des vents de Galerne & du
Nort, ou d'Amont, qui sont les plus fâ-
cheux pour la gelée, principalement le Ga-

lerne , qui souffle ordinairemenr au Printemps , & qui eft d'autant plus dangereux,
qu'il amene fouvent de la gelée ; aprés de
petites pluyes, qui attendriffent les arbres
& les rendent bien plus penetrables & plus
aifez à geler. La premiere expofition eft
entierement couverte de cevent là , & la
feconde du Nort.

4. Tous les principaux fruits , & les plus
délicats, comme Pefches, Pavis, bon-Chrê-
tien, Bergamotte , doivent eftre mis dans
ces expofitions. Il y en a d'autres neantmoins qui ne font pas à negliger , & qui
peuvent bien reüffir pour des fruits plus ro-
buftes; comme font toutes les poires d'Eté,
& quelques-unes d'Hyver mefme: ce qui
fera expliqué dans le Catalogue des fruits.

5. Le lieu eftant ainfi choifi, il faut que la
muraille qui doit porter l'Efpalier, ait douze ou treize pieds de hauteur, afin que l'arbre y puiffe avoir toute fon étenduë , lors
qu'il fera à fa perfection. Elle doit auffi
eftre crépie de plâtre, ou de chaux, non feulement pour la rendre plus belle; mais auffi
pource qu'il s'engendre mille vilenies , ly-
maçons , vers & corruptions dans les murailles qui ne font bâties que de terre , &
les loirs, les rats & les fouris fe retirent
dans les trous & concavitez qui s'y rencontrent , & gâtent bien fort les fruits. Si

en bâtissant les murailles on y mettoit de
petits os de mouton en ordre de Quinconce, de quatre ou cinq pouces en carré,
qui ne débordaffent au deffus du crêpy que
d'un pouce feulement ; cela feroit palifier
les arbres avec grande facilité , & à bien
moins de frais: on peut mefme en fceler
dans les murailles qui font déja faites,
quoy qu'ils ne puiffent jamais eftre fi bien
rangez , que fi on les mettoit en bâtiffant
la muraille. L'effet de ces os de mouton
fera expliqué en parlant de la façon avec
laquelle on doit palifier les Efpaliers.

6. Ces chofes ainfi faites , il ne refte plus
qu'à preparer la terre ; il y en a qui eft fi
bonne d'elle-mefme, qu'elle femble ne de-
firer aucun fecours eftranger , & eftre capable de produire des fruits dans leur ex-
cellence , fans recevoir aucune chofe que
la culture ordinaire , & que le labour. Il y
en a d'autres de fi mauvaife nature, qu'elle
ne peut jamais rien produire de bon ; &
qu'on eft obligé de l'ofter entierément
pour en mettre de meilleure en fa place , fi
on veut avoir des arbres qui reüffiffent. Le
contenu en cét article doit eftre nean-
moins obfervé également en toute forte
de terre, fi ce n'eft en celle qui eft fi mauvaife, qu'il la faut toute ofter pour en apporter d'autre. Mais on ne doit jamais

tant prefumer de la bonté de la terre, qu'on neglige d'y apporter toute la preparation : Car fi elle eft capable de produire d'elle-mefme de tres-beaux fruits, elle en apportera encore d'incomparablement plus beaux, fi elle eft fecondée, & fi elle reçoit tous les amandemens que l'art & le foin du Jardinier luy peuvent donner. Il faut donc ouvrir une tranchée de huit pieds de large, & de trois pieds de profondeur, & la creufer en glacis ou Talu, du cofté de la muraille, afin que cette ouverture n'aporte point de peril pour les fondemens de la muraille : en tirant la terre, il faut feparer la bonne d'avec la mauvaife, afin qu'on ne rempliffe la tranchée que de la bonne, & qu'on n'y rejette point la mauvaife. Si on pouvoit laiffer cette ouverture une année toute entiere fans la remplir, affurément la terre du fonds qui feroit à l'air durant ce temps-là, & celle qui en auroit efté tirée en recevroit un grand avantage, pour les raifons expliquées au 10. ou 12. article du Chapitre des arbres élevez en haute tige. Mais outre qu'on ne peut que bien difficilement fe donner cette patience, il feroit à craindre que pendant ce temps, la muraille ne tombaft, ou ne receût grand affoibliffement des fondemens, eftans prefque tous dé-

couverts. La terre ainſi tirée, on doit mettre dans le fonds de la tranchée un lit de
demy-pied, ou de huit pouces d'épais de
bon terreau, tiré un an ou deux aupara-
vant d'un fond d'une marre ou d'un
eſtang, & bien conſommé depuis ce temps-
là, ou du gazon pris dans quelque chemin
herbu, où il n'y ait que de petites herbes,
& point de chiendent, ou autres qui mangent la graiſſe de la terre, qui eſt demeurée. Ce gazon ne doit eſtre pelé que de
quatre pouces d'épais, plus ou moins ſelon la bonté de la terre; & de cette ſorte
s'il eſt tiré de bonne heure, il eſt excellent
pour les Arbres : car la graiſſe de cette
terre qui eſt demeurée long-temps inutile,
monte toûjours en haut, & y eſt attirée
par la chaleur du Soleil, & le peu de nourriture qu'il faut pour nourrir ces herbes-
là, ne l'a pas diſſipé, en ſorte qu'elle eſt
toute entiere dans le gazon : Mais il faut le
caſſer & hacher dans la tranchée, en ſorte
qu'il ſoit reduit comme en pouſſiere, puis
on mettra un lit de vieil fumier bien pourry & bien conſommé, de quatre pouces,
ou de demy-pied d'épais, & un autre lit
du meilleur de la terre qu'on aura tirée;
& on labourera ces trois differents lits là
d'un profond labour, qui remuë & méle
le tout l'un parmy l'autre à la béche, ou

pour mieux faire, au crochet ; en forte que toutes ces differentes chofes ne faffent plus qu'un corps enfemble, & par aprés on mettra encore trois differents lits des mefmes matieres qui feront labourées encore de la mefme façon, jufques à ce que la tranchée foit comblée un demy-pied au deffus de la terre de l'allée : parce que la terre ainfi remuée s'affaiffe bien de cette hauteur-là pour le moins, quand l'Hyver ou les pluyes ont abbattu ce labour, fi on n'a point de terrau, ou de gazon, il faut mettre davantage de fumier : on peut auffi y mettre des pelures de berge de quelque foffé vieil, expofé au Soleil du midy, qui font ordinairement tres bonnes, des curures de court, & tout ce que les Jardiniers fçavent eftre propre à engraiffer la terre, pourveu qu'il foit bien confommé, & qu'il n'ait point trop de chaleur : Il fera expliqué dans un Chapitre particulier, ce qu'il y a à obferver pour le choix des fumiers.

7. Il importe extrémement de donner d'abord tous ces amendemens à la terre qu'on prepare pour des Efpaliers, afin que les Arbres eftans plantez on n'y mette plus de fumier, ou au moins de tres-longtemps : Et ainfi lors qu'ils feront en eftat de porter, ce fumier eftant tout confom-

mé, & n'eſtant plus que terre, ne donnera pas ſon mauvais goût aux fruits qui y viendront; ce qui arrive ſouvent lors qu'on met beaucoup de fumier aux Arbres qui ſont déja venus.

8. Que ſi on n'avoit pas aſſez grande abondance de fumier, pour fournir à en mettre grande quantité dans le fond de la tranchée, & dans le premier lit, & beaucoup plus que dans le deſſus, parce qu'on peut aiſément en mettre dans le haut de la terre, en labourant toutes & quantes fois qu'on le voudra ; mais on ne peut pas, les Arbres eſtans une fois plantez, aller chercher au deſſous de leurs racines pour y mettre de l'amandement.

9. Il eſt bon de tenir les allées des Eſpaliers en dos-d'âne, en ſorte que le milieu ſoit plus haut que l'Eſpalier, afin que la pluye de l'allée y coule, & que la graiſſe qu'on y donne, y demeure. Mais aux Eſpaliers qui ſont ſous les égouts, il faut tenir la terre en pente, de ſorte que l'eau coulle dans l'allée, crainte que la trop grande abondance ſoit nuiſible aux Arbres.

10. Cette preparation de la terre eſt principalement pour y recevoir des Poiriers: Car les Pêchers & Abricotiers peuvent ſe paſſer à moins, & ne demandent pas même tant de fumier : Mais il ne faut pas é-

pargner pour ceux là, non plus que pour les autres, d'ouvrir la terre de la mesme largeur & profondeur, quand on devroit y mettre celle qu'on auroit tirée toute pure, sans aucun mélange dans la tranchée : parce que les racines des Arbres se joüent dans cette terre remuée, & y profitent plus dans une année, qu'elles ne feroient en d'autres en plusieurs.

De ce qu'il faut observer en plantant les Espaliers, & de leurs distances.

1. TOutes les choses estant ainsi disposées, il faut marquer la distance qu'on veut donner aux Arbres ; laquelle peut estre prise suivant les differentes especes. Car les Pruniers, Abricotiers & Pêchers, doivent estre mis à trois toizes l'un de l'autre ; parce que leurs branches s'estendent fort ; & les Poiriers à 15. pieds, ou au moins à 2. toizes, parce qu'ils ne s'estendent pas tant.

2. Il faut faire de petits trous dans la terre, preparez de la sorte qu'il est expliqué dans le Chapitre precedent, qui ayent 3. ou 4. pieds de carré, & un pied de profondeur ; en sorte qu'il puisse tenir aisément toutes les racines de l'Arbre qu'on

y veut mettre : prendre de vieil fumier extrémement pourry , ou du terrau de vieille
couche , & le bien méler avec deux fois
autant de terre , & le mettre partie deffous , partie deffus les racines de l'Arbre
qu'on pofera un demy-pied dans la terre,
à un pied du mur, & en penchant; en forte
qu'en fortant de terre , il ne foit qu'à trois
pouces du mur : Car pour bien attacher
fes branches , il ne faut pas qu'il en foit
éloigné , & fa racine eftant plus écartée,
tire quelque nourriture de la terre qui fera
entre-deux. Il faut rafraîchir les racines
avec la ferpette , de la mefme forte qu'il
eft expliqué dans le 13. article du Chapitre
des grands plants , & laiffer tout le plus
de chevelu qu'on pourra conferver , &
prendre bien garde que les racines foient
bien couvertes de ce terrau mélé , en forte
qu'il n'y ait point de vuide ; ainfi qu'il eft
dit cy-devant.

3. Il faut avoir foin que le fumier ne touche point aux racines , car il les échauffe-
roit trop, & les feroit peut-eftre mourir
l'Efté fuivant, fi ce n'eft qu'il foit fi fort
pourry qu'il ait perdu toute fa chaleur, &
qu'il foit tout reduit en terrau. Il eft meilleur d'attendre à tailler les Arbres qu'on
plante aprés les grands froids ; c'eft à dire,
au decours de Janvier & Fevrier, & les

mettre

mettre d'abord tout entiers dans la terre,
fans rien ofter de leurs branches. Les raifons en font expliquées dans le 10. article
du mefme Chapitre des grands plants. On
les peut auffi couper en les plantant, fans
rien hazarder.

4. Quand on taille les Arbres, il faut les
tailler en pied de Biche, & obferver que
la taille foit du cofté de la muraille, afin
que le Soleil ne donne point deffus, car
autrement il s'y feroit une jarfure & une
playe qui l'incommoderoit beaucoup; ce
bois ainfi découvert doit eftre baugé avec
de la terre franche, & du foin détrempé
& mélé enfemble, ou couvert d'une certaine gomme de laquelle les Tapiffiers fe
fervent.

5. On ne doit laiffer que fort peu de branches aux Arbres que l'on plante de la forte; car celles qui repoufferont, feront beaucoup meilleures, & plus aifées à conduire
que celles que l'on ofte.

6. On peut planter dés que la Lune de
Septembre eft paffée; c'eft à dire au commencement, ou à la my-Octobre; & il
eft beaucoup meilleur de planter de bonne
heure : fi la terre eft trop feiche, & fi elle
n'eft pas encore affez abbreuvée de la
pluye, au moins il faut arroufer tres-abon-
damment les Arbres qu'on auroit fi toft

mis dans la terre.

7. Il y en a qui obfervent la Lune pour planter, & qui croyent que le decours eft plus propre pour cét ouvrage que le Croiffant: Mais l'experience fait connoiftre que cette obfervation eft inutile, à la verité il vaut toûjours mieux tailler les Arbres au decours qu'au Croiffant: mais on peut, ainfi qu'il eft déja dit, differer à les tailler long-temps aprés qu'ils font plantez, il n'importe du Croiffant ou decours de couper hardiment en plantant.

8. On doit choifir foigneufement les efpeces des fruits qu'on met dans les Efpaliers: il n'y faut mettre que de ceux qui ne peuvent reuffir ailleurs, ou qui font fi excellens, qu'on defire n'en manquer jamais, & de les avoir plus beaux : car ils viennent plus gros & plus colorez quand ils font en Efpaliers, & chargent affurément tous les ans. Le bon-Chreftien, & la Bergamotte, font du nombre des premiers : Le Rouffelet & le petit Mufcat, d'entre les Poires d'Efté : l'Amadotte, le Portail, le faint Lezin entre les Poires d'Hyver font des feconds. Toutes ces differentes efpeces feront plus amplement expliquées dans le memoire des Poires, où l'on verra quelle efpece chacune demande, & où l'on la mettra pour mieux venir. On remar-

quera feulement, que comme le bon Chré-
tien eft incomparablement le plus excellent
de toutes les poires, tãt à caufe de fa beauté,
qu'à caufe qu'elle fe conferve plus long-
temps; auffi on doit en mettre fix fois plus
dans les efpaliers que de toute autre efpece.

9. Quant aux fruits à noyau : outre ce
qu'il en fera dit dans leur Catalogue, il faut
obferver les deux mefmes chofes pour en
faire le choix. Les Abricots ne reüffiffent
point autrement qu'en Efpalier : mais quoy
que leur fruit foit beau & bon, il ne faut
pas neantmoins en mettre beaucoup ; car
il vient en trop grande abondance & ne
dure que fort peu de temps. Pour les Pruniers, ils viennent fort bien en plein air, &
refiftent ayfément aux vents & à la gelée :
C'eft pourquoy il eft inutile d'employer les
places des Efpaliers pour ces fruits-là, fi ce
n'eft feulement pour le Perdrigon blanc &
rouge, qui eft plus delicat que les autres
Pruniers, & dont le fruit auffi eft plus efti-
mé que de tous les autres. Les pêchers defirent plus qu'aucun fruit tous les avantages
qui fe rencontrent dans les efpaliers : C'eft à
dire une grande chaleur du Soleil, & un bon
abry contre l'agitation des vents : ce qui fait
qu'il y a fort peu d'endroits où ils puiffent
venir à leur perfection, s'ils ne font adof-
fez contre les murailles : & comme leur

fruit eſt meilleur pour le goût & pour la beauté ; auſſi ils doivent remplir une des principales parties des bons Eſpaliers , s'ils ne le compoſent entierement: Car ceux qui ont quantité de murailles feroient bien de faire un eſpalier tout entier de Pêchers où le Soleil eſt plus violent, qui eſt la premiere expoſition marquée au precedent Chapitre , & mettre les Poiriers dans la ſeconde, puis que les Pêchers demandent une plus grande diſtance pour étendre leurs branches ; on peut faire fort aiſément & avec ſuccez , un Eſpalier de Pêchers & de Muſcats de trois pieds de hauteur le long de la muraille , qui eſt l'ordinaire des ceps de vigne, & planter des Pêchers de trois pieds de Tige, qui commenceront à étendre leurs branches au deſſus des Muſcats ; mais pour cét effet , il faut choiſir des Pêchers qui ſoient de noyau , ou qui ſoient greffez ſur Amandiers ou Abricotiers de noyau, & non ſur Pruniers, parce que les racines des Pruniers incommodent trop leurs voiſins, & courent ſi toſt de tous coſtez pour y attirer de la nourriture, & meſme pour faire ſortir de terre de nouveaux Drageons, qui nuiroient beaucoup aux Muſcats qui ſeroient proche d'eux.

10. Ceux qui ont bien connu la difference qu'il y a entre les Poiriers greffez ſur

Coignaſſiers, & ceux qui ſont entez ſur des Sauvageons, mettent toûjours des premiers dans leurs Eſpaliers ; car il eſt certain que le Poirier ſur Coignaſſier, ſe paliſſe bien mieux, ne pouſſe pas tant de bois, raporte vingt fois plus de fruit, & le nourrit incomparablement plus gros & plus beau, que ne feroit celuy qui eſt ſur Sauvageon : Et de plus, les tranchées & la bonne nourriture qu'on a donné à la terre, dure bien plus long temps pour les Coignaſſiers que pour les autres, parce qu'ils n'étendent pas ſi loin leurs racines ; & neantmoins ils attirent pour le moins autant de nourriture, parce qu'ils pouſſent beaucoup plus de Chevelu. Il eſt vray que le Beuré, l'Orange, le Bezidery & le Portail, reüſſiſſent aſſez bien ſur le Sauvageon; mais ils ſont mieux ſur Coignaſſier. Le Portail à la verité, n'eſt pas ſi âpre ſur Sauvageon, & a ordinairement meilleur goût. Pour le choix des Coigniers & des Coignaſſiers, & leur differente nature, il faut voir le Chapitre des Pepinieres.

11. On plante quelquefois dans les Eſpaliers des Coignaſſiers non encore greffez, pour les enter par aprés ſur le lieu ; ce qui ſe fait la ſeconde année au mois d'Aouſt en œil dormant, qui eſt la meilleure greffe pour les Coignaſſiers, de la façon qu'il eſt

dit dans le Chapitre des Pepinieres. En ce
cas, il ne faut point que le Coignaſſier
planté excede la hauteur de la terre que d'un
poulce ou deux ſeulement, parce qu'on
doit mettre l'œil dormant ſur le nouveau
jet, & lors qu'on plante des arbres tous
greffez : il faut bien prendre garde que la
greffe ſoit toûjours quatre doigts au deſſus
de la terre, de peur que l'arbre ne prenne
racine du franc , & ainſi il perdroit les a-
vantages qu'il tire de la racine du Coignaſſier , en ayant d'autres qui n'auroient plus
les meſmes qualitez, & qui luy feroient
pouſſer beaucoup plus de bois que de fruits:
& cette obſervation doit ſervir pour toutes
ſortes d'arbres greffez ſur le Coignaſſier ,
& pour les Pommiers greffez ſur Paradis ,
qui ſont extrémement ſujets à prendre racine du franc : que ſi les arbres ont eſté
plantez d'abord trop avant, en ſorte que
la greffe ſoit couverte de terre : Il faut avoir
ſoin lors qu'on leur donne les grands labours au commencement, & à la fin de
l'Hyver , de les déchauſſer pour voir s'ils
ne pouſſent pas quelques filets & petites
racines du deſſus de la greffe , & en cas
qu'il y en ait, les coupper toûjours.

12. Ceux qui ne plantent d'abord que des
Coignaſſiers pour les greffer par aprés, peuvent ſe garantir de l'impatience qu'ils au-

roient d'attendre si long-temps que leurs
murailles soient couvertes, & que leurs Espaliers leur donnent du fruit, si en éloi-
gnant leurs Coignassiers de quinze pieds
l'un de l'autre, qui est la distance ordinaire, ils plantent entre deux un Pêcher qui
pousse bien plus viste, & garnit incontinent la muraille & de ses feüilles & de son
fruit ; ainsi on attend facilement que les
Poiriers soient en leur perfection, en joüis-
sant cependant des Pêchers, & lors qu'ils
y arrivent, les Pêchers qui ne durent pas
si long-temps se touchent sur leur retour,
& leur quittent aisément toute la place.

De ce qu'il faut observer pour cultiver les
Espaliers déja plantez, & comme &
quand il les faut tailler.

1. LE principal soin qu'on doit prendre la premiere année que les arbres ont esté plantez, est qu'ils reprennent
bien, & qu'ils poussent leurs branches a-
vec vigueur : C'est pourquoy il ne faut pas
tant songer à oster le superflu, qu'à conduire leurs branches dans ce premier commencement, que les garantir du grand hâle, de l'ardeur du Soleil, des herbes qui
les offusqueroient, & des autres choses qui

souvent les font mourir pendant l'Esté, si
le soin du Jardinier ne les en preserve. Si
les arbres ne pouffent d'une tres-grande
force, je ne voudrois pas toucher à leurs
branches dés la premiere année, si ce n'est
pour les plier tout doucement fans aucune
violence, & les plier un peu à la forme
qu'ils doivent recevoir par aprés, quelquefois auffi quand on voit que leurs branches
s'élevent tout droit, & qu'elles font bien
vigoureufes : on peut arrefter les extremitez avec l'ongle feulement, afin qu'elles
fourchent au deffous, & qu'elles en pouffent pour garnir les deux coftez, mais generalement parlant, il faut obferver pour
les Efpaliers, ce qui eft dit pour les grands
arbres dans le troifiéme article de leur Chapitre.

2. Le principal foin de celuy qui cultive
l'Efpalier dans cette premiere année, aprés
qu'il l'aura labouré au commencement de
Mars, doit eftre de le garentir de la feiche-
reffe, qui quelquefois eft grande dans ce
mois là, & bien fouvent le hâle de Mars
eft plus dangereux que toute la chaleur de
l'Esté, parce que les arbres ne fe font pas
encore lors affermis dans la terre, & font
d'autant plus fujets aux accidens qui leur
font contraires, qu'ils ont moins de force
pour y refifter. Le remede eft de mettre à

l'entour

l'entour de l'Arbre quatre pieds en quarré
ou environ, un demy pied d'épais de fumier qui ne foit pas encore bien pourry
pardeffus le labour frais, cette couverture
conferve la terre en mefme eftat qu'elle
l'a trouvée, & la défend bien du hâle ; mais
fi on n'a pas affez de fumier pour fournir
à tous les arbres, on peut mettre quantité
d'herbes amaffées, qui n'ayent point de
racines, de peur qu'elles ne repriffent fur
la terre, ou bien mefme du foin : Et au
mois de Juin, il n'y a rien de meilleur pour
cét effet, & pour empêcher que la grande
chaleur du Soleil ne deffeiche point la terre,
que d'y mettre de la feugere qui foit encore bien verte, & qui ne foit pas feiche :
cette couverture de la terre luy fert beaucoup, & pour la défendre de cette feiche-
reffe, & pour la tenir toûjours fouple, &
empêcher qu'elle ne fe batte, s'il arrive de
grandes pluyes. Le fumier fait encore davantage ; en ce que fon fel & fa graiffe pe-
netre toûjours dans la terre, principalement lors qu'il vient des pluyes, & ainfi il
la rend feconde de plus en plus.

3. Pour les labours, tous les arbres, foit
qu'ils foient nouvellement plantez, ou qu'ils
foient plus vieux, en defirent quatre au
moins l'année. Le premier à la fin de l'Hyver ; c'eft à dire au commencement de

Mars, qui doit eftre fort profond : Le fe-
cond au mois de May, aprés une petite
pluye, il ne doit pas eftre profond , & fuffit d'un demy fer de béche, feulement pour
y faire mourir l'herbe , & pour empêcher
en remuant un peu le deffus de la terre,
que la chaleur du Soleil,& le hâle ne la ref-
ferrent trop : le troifiéme au mois de Juillet de mefme forte , & pour les mefmes
raifons : Le quatriéme au mois d'Octobre;
& lors il faut entrer le plus profondement
qu'on peut dans la terre. Voyez le 26. article des grands plants: que fi la terre pouffe de l'herbe en abondance, comme il arrive ordinairement en celle qui eft preparée
de la forte qu'on defire pour des efpaliers';
il faut l'ofter , & luy donner un petit labour qui ne faffe quafi que la ratiffer, toutes les fois que l'herbe commence à y pa-
roître : Car fur tout il faut bien prendre
garde que la graiffe de la terre ne fe diffipe
point à des productions inutiles , afin
qu'elle fe conferve toute pour la nourriture des arbres , & de leurs fruits.

4. La feconde année , il faut commencer
à bien plier les arbres , & les tailler en forte qu'il n'y demeure point de branches fuperfluës , & que toutes celles qui y de-
voient demeurer , foient mifes en bon ordre.

5. On fait les palissades en trois façons,
ou avec des perches posées en treillis le long
des murailles ; ou en attachant les branches à la muraille avec du clou & du cuir ;
ou en mettant dans les murailles des os de
mouton, & y liant par aprés les branches.

6. La premiere, façon, est la plus ancien-
ne & la seule qu'on pratiquoit au commencement pour le faire reüssir. Il faut que
les perches soient pressées, & que les ouvertures des treillis n'ayent que demy-pied
en quarré tout au plus, & qu'il y ait
des crochets dans la muraille, de quatre
pieds en quatre pieds, & de trois poulces
de saillie, & y en mettre trois rangs dans
la hauteur de dix à douze pieds, pour soû-
tenir & suspendre les perches en l'air, afin
qu'elles n'entrent point dans la terre, ou
au moins qu'il y en ait peu qui y entrent :
car de cette sorte elles durent bien plus
long-temps : ce qu'on doit desirer, non
seulement pour épargner la dépence ; mais
parce qu'il est bien difficile de remettre de
nouveau bois à un espalier, sans que les
arbres courent hazard d'estre rompus ou
incommodez. Il faut choisir des perches
de bois de Châtaigner ou d'Aulne, qui
soient pelées & sans écorce : mesme il seroit fort bon de les mettre dans l'eau long-

temps avant que de l'employer ; car le bois d'Aulne s'endurcit bien fort quand il a esté trempé, & en dure bien davantage : on peut aussi y employer des Saulx, & de toute autre sorte de bois, pourveu qu'il soit bien droit. On y employe aussi de grosses lattes de bois de chêne peintes en verd, & liées de fil de fer, qui durent vingt ans étant coupées en dehors.

7. La seconde façon, qui se fait avec le clou & le cuir est la plus propre, parce qu'elle ne paroist pas du tout quand l'arbre est revestu de ses feüilles ; & de plus, on peut aisément par ce moyen, mettre les branches justemét au point où on les desire: mais on ne s'en peut servir qu'aux murailles qui sont crêpies de plâtre, ou bien où la pierre est tendre, parce qu'autrement le clou n'y peut pas tenir ; & de plus, elle coûte trois fois plus de temps que les autres : C'est pourquoy elle n'est pas aisée pour ceux qui ont quantité d'espaliers à entretenir, mais elle est toûjours la plus propre.

8. La troisiéme qui se fait avec des os de mouton, scelez dans la muraille, est assurément la meilleure & la plus commode de toutes, & celle qui coûte le moins : mais il faut que les os soient posez fort proche les uns des autres, & qu'ils ne soient éloi-

gnez que de quatre à cinq poulces, afin
qu'on en rencontre par tout où on voudra
attacher les branches, autremét on ne pourroit rmettre les arbres en bon ordre: ils doivent eftre pofez dans la muraille en ordre
de Quinconce, & mis fort avant, en forte qu'ils ne débordent que d'un poulce, ou
forr peu d'avantage : ce qui eft fuffifant
pour attacher la branche avec l'ozier, ou
le jonc, ou geneft d'Efpagne : il feroit à
fouhaitter qu'on les pofât en bâtiffant la
muraille, car on ne peut pas les arranger
fi bien, quand on les met aprés qu'elles
font déja faites. Les petits os de mouton,
comme font ceux qui fe tirent de leurs jam-
bes, font les meilleurs pour cét ouvrage.
Il y en a qui fe fervent de petits morceaux
de Cornoüillers, ou de cœur de chêne :
mais les os font toûjours meilleurs, plus
unis & plus commodes, & coûtent moins
que toutes ces autres chofes.

9. Il faut élever les arbres que l'on paliffe,
fuivant la figure d'une main ouverte, ou
d'un évantail étendu : en forte que celuy
du milieu foit toûjours plus élevé que les
autres, & celuy-là ne doit jamais eftre plié,
mais bien arrêté par le haut lors qu'il s'é-
leve trop, de peur qu'en attirant trop de
nourriture, l'Arbre ne fe degarniffe par le
bas, & ne pouffe pas affez de branches

pour accompagner les coſtez : En ſuite il faut tirer & étendre les branches qui en ſortent , de telle façon que les extremitez ſoient toûjours attachées plus haut que l'endroit d'où elles partent de l'arbre : c'eſt à dire , qu'il ne faut jamais les faire deſcendre en bas , car naturellement tous les arbres tendent en haut , & y pouſſent leurs branches , & ſi on les forçoit à retourner contre terre , cette contrarieté leur nuiroit extrémement. Il faut auſſi bien prendre garde que le milieu de la branche ne ſoit pas courbé ; ce que l'on appelle en dos de Chat, en ſorte que les deux extremitez ſoiét plus baſſes ; & ne point ſouffrir que les branches ſe croiſent & paſſent l'une pardeſſus l'autre : Cela ſe void ordinairement aux eſpaliers , qui ne ſont pas tenus avec grand ſoin ; & cependant il eſt impoſſible que les arbres puiſſent reüſſir quand on leur donne une poſture ſi incommode. Il faut donc que la branche ſoit étenduë en droite ligne depuis la tige d'où elle part juſques à ſon extremité , en montant toûjours un peu en haut , mais fort peu ; car ſi elle eſtoit trop élevée , le bas de l'arbre ſe trouveroit tout dégarny , & tout dépoüillé.

10. Il faut commencer à paliſſer les baſſes branches à un demy pied de terre , & continuer de la ſorte juſques en haut : & afin

que l'arbre fe garniffe dés le bas , & pouffe des branches des deux coftez , on doit
arrêter l'extremité de la greffe en la pinçant
avec l'ongle , auffi-toft qu'elle a pouffé
trois ou quatre poulces de haut , comme
il fera expliqué en parlant des Pepinieres.

18. Pour entendre bien à élever un arbre
il faut neceffairement fçavoir comme il le
faut tailler; & c'eft en quoy confifte le principal du foin qu'on doit apporter aux efpaliers. Il faut voir fur ce fujet l'article 30.
du Chapitre des grands plants : car quoy
que la taille de ceux-là & des efpaliers foit
differente en beaucoup de chofes , elles ont
neantmoins quelque rapport. Le Jardinier qui fçait quelle figure fon arbre doit
avoir , fçait auffi à peu prés ce qu'il en
faut ofter. Premierement , il ne faut jamais fouffrir de branche fur le dos de l'arbre: c'eft à dire par derriere ny devant auffi , mais feulement aux coftez: Seconde-
ment , il faut ofter & arrêter toutes les
branches qui fe dégarniffent , & qui ne
font pas affez fournies de feüilles & de petits branchages dans leur étenduë ; car autrement , il fe trouve que le milieu de l'arbre eft comme fec , & ne fe revétit , ny de
feüilles ny de fruits. Cette maxime eft à
obferver pour toutes fortes d'arbres , mais

principalement pour les Pêchers : car si on n'y apporte ce soin, bien tost on ne verra plus, ny de fruits, ny de feüilles, qu'à l'extremité de leurs branches.

12. La principale taille des arbres doit se faire au decours de la Lune de Janvier ou de Fevrier, & quand ils sont foibles, il faut toûjours attendre le decours de Fevrier, de crainte que le froid ne les attaque, aprés qu'ils ont esté couppez : & mesme il est meilleur bien souvent d'attendre le decours de Mars , & n'importe de tailler l'arbre, quand il seroit déja en fleur.

13. On doit en cette saison oster toutes les branches superfluës, qui nuiroient à la figure de l'arbre, arrêter les bonnes qui s'échapent trop , couper tout le mauvais bois qui est venu de la pousse du mois d'Aoust, qui ne porte jamais de fruit, & ne fait qu'incommoder & charger l'arbre , parce qu'il n'a pas eu assez de chaleur pour se meurir : & comme disent les Jardiniers , il n'est pas assez Aousté. Enfin à proprement parler , il n'y a que ce temps-là pour tailler les arbres ; car pendant le reste de l'année, on ne leur oste pas de branches ; mais seulement on les arrête & on empêche qu'ils n'en poussent mal à propos.

14. Il faut toûjours conserver le bois qui est le plus propre à porter du fruit, il se

connoiſt aiſément quand on a accoûtumé
de voir des Arbres : Ceux qui deſirent
avoir de gros fruits , doivent conſiderer
les petites branches courtes & bien nour-
ries , chargées de boutons à fleurs , qui
ſoient les plus proches du gros de l'Arbre,
& les rogner en ſorte qu'on ne leur laiſſe
qu'un ou deux boutons à fleur , & prendre bien garde qu'il demeure toûjours
quelques boutons à feüille au delà , & à
l'extremité de la petite branche couppée,
afin qu'il ſe faſſe un petit bouquet de feüilles pour deffendre le fruit qui y viendra de
l'ardeur du Soleil , & pour empêcher que
la branche ne ſe deſſeiche. Cette petite
taille fait , que la ſéve qui ſe partageroit
en pluſieurs boutons , ſe jette ſeulement
ſur ceux qui reſtent ; mais il faut encore
prendre garde , que comme ordinairement
il y a pluſieurs fleurs à chaque bouton,
ſouvent auſſi il y demeure pluſieurs Poires:
c'eſt pourquoy pour les avoir fort belles,
il faut oſter la pluralité , & n'en laiſſer
qu'une ou deux au plus à chaque bouquet.

15. Quoy qu'on ait taillé les Arbres en la
ſaiſon que l'on a dit , il ne faut pas laiſſer
d'avoir ſoin de les arrêter au decours de
May & de Juin , car il faut toûjours obſerver le decours pour cét ouvrage , c'eſt

pour faire que l'arbre fe fourche en plufieurs petites branches, & empêcher qu'il ne fe dégarniffe : & outre que cela conferve fa beauté, cela contribuë auffi à luy faire porter beaucoup de fruit, car ce font ces petites branches-là qui en font ordinairement chargées. Les Pêchers & les Abricotiers veulent eftre rognez plus fouvent, & prefque à tous les decours de Lune pendant l'Efté, & tant qu'ils ont de la féve & qu'ils pouffent ; car il faut bien prendre garde de ne plus toucher aux arbres avant l'Hyver quand leur féve eft arreftée, ou qu'il ne leur en refte plus gueres, dautant qu'ils ne peuvent plus recouvrir la playe qu'on leur fait, & les injures du temps, & la rigueur de l'Hyver, mortifient cét endroit en forte, qu'on eft obligé peu aprés de couper toute la branche. Les Poiriers greffez fur fauvageons, & non fur Coignaffiers, veulent eftre rognez auffi fouvent que les Pêchers & Abricotiers, autrement ils ne pouffent que du bois, & ne rapportent point de fruit.

16. L'abondance qu'on recherche en toutes chofes, nuit extrémement aux Efpaliers, parce qu'elle leur eft trop ordinaire, & trop exceffive, fi on n'y prend garde, c'eft pourquoy on ne peut conferver longtemps les arbres, ny en tirer de beaux

fruits, si on n'a soin d'en tirer quantité aussi-tost qu'ils sont noüés, & avant qu'ils ayent pris beaucoup de nourriture de l'arbre, & luy en faut toûjours laisser un peu moins qu'il n'en peut nourrir, afin qu'il ne s'en trouve point chargé, & qu'il ne dissipe pas toutes ses forces à cette production. Cette regle doit servir principalement pour les arbres qui raportent de gros fruits, comme le Bon-Chrestien & la Bergamotte ; mais il faut faire choix des fruits qu'on oste, & de ceux qu'on laisse, il n'en faut jamais souffrir aux extremitez des branches, non pas mesme des boutons à fleur, car ils ne reüssissent que rarement en cét endroit : & quoy qu'ils né viennent pas à leur juste grosseur, neantmoins ils étonnent beaucoup la branche, & l'empêchent de prendre toute sa nourriture. On doit toûjours laisser le fruit le plus prés des grosses branches, & du tronc de l'arbre.

17. Quand on décharge l'arbre de la trop grande quantité de ses fruits, il ne faut pas les arracher, ny les détacher avec la main, parce qu'en ce faisant on donneroit ouverture à la branche, par l'endroit auquel la queuë est attachée, & ainsi on fait evaporer la séve, qui est cause que souvent les fruits voisins se desseichent, ou

au moins qu'ils ne viennent pas à leur
juſte groſſeur, mais il faut couper la queuë
le plus loin de l'arbre que l'on pourra, ce
qui ſe fait commodément avec des ci-
ſeaux.

18. Ces remarques ſervent principalement
pour les Poires : neantmoins les Pêchers
veulent auſſi eſtre déchargez d'une partie
de leurs fruits, afin qu'ils ſoient plus
beaux, & que l'arbre en dure davantage.

19. On ne doit point épargner le fumier,
ny tous les autres amandemens neceſſaires
pour bien engraiſſer la terre lors qu'on
plante les arbres : car il eſt à ſouhaitter
qu'elle ſoit en tel eſtat, qu'elle n'ait plus
beſoin de ce ſecours, lors que les arbres
raportent du fruit, eſtant impoſſible que
le mélange de ce corps étranger, n'impri-
me toûjours quelque mauvais goût dans
les fruits, ou au moins qu'il ne diminuë la
bonne ſaveur de la terre, & ne les rende
plus fades. Mais quand le fumier eſt bien
conſommé par le temps & par les labours
frequens, il prend luy-meſme la qualité
de la terre, & luy laiſſe ſeulement ſon ſel
& ſa graiſſe, en ſorte que la bonté du
fruit n'en reçoit aucune diminution ; c'eſt
pourquoy il faut avoir grand ſoin de conſerver cette graiſſe, & ne point ſouffrir
qu'elle ſoit employée à des productions

inutiles, afin qu'on ne ſoit pas obligé d'en mettre par aprés. On ne doit jamais y plã-ter de bonnes herbes, ny en ſouffrir croî-tre de mauvaiſes proche des arbres, il les faut toûjours oſter, afin que la terre ne travaille que pour eux. De cette ſorte il ne ſera pas neceſſaire de remettre de long-temps du fumier, quand la terre eſt a eſté une fois engraiſſée, ſi ce n'eſt qu'elle ſoit ſi brûlante, qu'elle conſomme en peu de temps tous ces amandemens, car quand on void qu'elle n'en conſerve plus davan-tage, & que les fruits n'ont plus leur groſſeur ordinaire, ny les arbres leur pre-miere vigueur, il faut bien neceſſairement luy en donner encore.

20. Quand on voit un arbre languir, & que les feüilles jauniſſent, & n'ont pas leur verdeur ordinaire; il eſt bon au com-mencement de l'Hyver, aprés l'avoir bien labouré, de mettre du fumier de pigeon de deux ou trois doigts d'épais ſur la terre, quatre pieds à l'entour, & le laiſſer ainſi tout l'Hyver pour y paſſer ſa force & ſa trop grande chaleur, & puis en labourant l'arbre aprés l'Hyver on le met dans la terre, & cela luy donne une nouvelle vi-gueur. Il eſt auſſi fort bon d'y mettre quan-tité de fumier de Cochon, mais pour ce-luy-là, il le faut enterrer, & ne le pas

laisser sur la terre ; parce qu'il n'a pas trop de chaleur, & qu'au contraire il est le plus froid de tous les fumiers. Souvent on découvre une partie des racines de l'arbre malade, & on les rogne bien proprement avec la serpette, pour l'obliger à pousser de nouveaux chevelus, & reprendre ainsi de nouvelles forces. En ce cas il faut recouvrir toutes les racines de bon terreau bien consommé, & de vieil fumier de couche bien mêlé avec la terre, & prendre garde de ne pas trop éventer la racine de l'arbre, de crainte de le perdre entierement en pensant le secourir.

Des Espaliers en plein air, ou en haye d'appuy.

TOut ce qui a esté dit des Espaliers contre les murailles, peut estre observé pour les Espaliers en plein air, car ils desirent la mesme preparation de la terre, la mesme maniere de planter, la mesme façon de les tailler, & la mesme étenduë des arbres. Ils n'ont pas l'avantage de la muraille qui augmente beaucoup la chaleur du Soleil, & qui garentit de la violence des vents ; mais s'ils ne sont pas tant à l'abry que les premiers, au moins ils le font plus que les grands arbres, & mefme que les arbres en buiffon, parce que les perches aufquelles ils font attachez les tiennent en eftat, & empêchent que les vents ne les agitent : c'eft pourquoy les gros fruits qui y viennent, font plus en feureté que dans les autres arbres. De plus, comme on met ordinairement cette forte de plants le long des allées des Efpaliers qui font contre les murailles (ce qu'on appelle en contre-Efpaliers) ils participent toûjours aux avantages de ceux qui font contre les murailles : c'eft pourquoy les fruits delicats y reüffiffent fort bien, excepté la Bergamotte, & quelques pavis des plus difficiles, qui veulent toûjours eftre appuyez contre une muraille : Cette forte de paliffade ne peut eftre faite qu'avec des perches, de la forte qu'il eft dit au 6. article du Chapitre des Efpaliers. La mefme diftance doit eftre obfervée pour planter les arbres de cette forte, foit à noyau ou à pepin, que pour les Efpaliers contre les murailles : & pour les Poiriers, il vaut beaucoup mieux y en mettre de greffez fur Coignaffier, que d'autres.

Des arbres en Buisson, & quand & comme il les faut tailler.

CEtte sorte d'arbres coûte beaucoup moins que les deux precedentes, & neantmoins les fruits ne laissent pas d'y reüssir fort bien, si vous en exceptez qu'elques-uns des plus delicats.

Les Poiriers y viennent aisément, pourveu qu'ils soient greffez sur Coignassier, car pour les autres, il est difficile de les tenir dans cette taille, à cause qu'ils poussent trop de bois, & plus vous leur en ostez, plus ils en repoussent : outre que, comme leur naturel est d'estre élevez, ils ne portent jamais de fruits si on les contraint à une autre figure. Il les faut tailler en mesme saison que les Espaliers. Leur forme doit estre ronde ou platte en façon d'évantail, il faut leur oster les branches qui croizent sur les autres, ne leur pas laisser trop de bois, prendre garde que les branches ne se portent trop d'ombrage les unes aux autres, & qu'elles ne soient trop épaisses principalement dans le dedans de l'arbre, qu'il faut toûjours décharger de bois, parce qu'il est inutile en cét endroit, & ne rapporte presque jamais de fruits. Les
Poiriers

Poiriers de cette forte doivent eftre mis
de douze pieds en douze pieds; ou au moins
de dix en dix pieds , on les peut mettre
dans les contre-Efpaliers , ou dans les po-
tagers , au lieu de paliffades , ou en faire
des plants entiers en Quinconce dans cette
mefme diftance. Les Abricotiers ne doivent point eftre mis de cette forte ; car outre qu'ils n'y trouvent point affez d'abry,
leurs arbres ne veulent point eftre affujet-
tis à cette figure. Les Pêchers y viennent
mieux , neantmoins ils s'eftendent trop ,
& pouffent du bois fi abondamment , qu'il
vaut mieux les laiffer en leur liberté aux
endroits où ils peuvent reüffir en plein
air

. Les Cerifiers & les Pruniers font fort
agreables, & rapportent fort bien en Buiffon ; mais ils les faut mettre de trois toifes en trois toifes , car ils pouffent leurs
branches fort loin , & étendent autant
leur tefte qu'ils forment tout contre la
terre , que s'ils eftoient élevez en haute
tige.

Le Prunier fouffre plus aifément qu'on
le taille , & qu'on luy ofte du bois fuper-
flu , que le Cerifier ; auquel neantmoins il
eft bon d'en ofter un peu dans le milieu de
l'arbre , quand il eft trop épais , pour luy
faire prendre cette figure : il faut arrêter

les greffes de bonne heure, auffi-toft qu'ils les ont pouffées la longueur de trois ou quatre poulces , & les faire brancher tout contre terre. Le Cerifier ne veut pas eftre taillé fi fouvent que le Prunier , & il fuffit de luy ofter du bois dans le milieu de l'arbre , quand on voit qu'il eft trop épais. Les Pommiers font auffi fort bien en buiffon , quand ils font greffez fur Paradis ; mais ceux qui font entez fur des fauvageons ordinaires veulent eftre élevez en tige, & venir en grands arbres: pour ceux qui viennent fur Paradis, ils pouffent fort peu de bois, & neantmoins fe chargent extrémement de fruits ; il faut les mettre de toife en toife, ou au plus de fept pieds en fept pieds, fi on veut bien employer la terre : car ils ne demandent plus grande étenduë que cét efpace-là : s'ils ne font dans une terre extrémement graffe & forte: ils ne veulent prefque point eftre taillez, parce qu'ils ne pouffent pas plus de bois qu'il ne leur en eft neceffaire pour porter du fruit.

Pour tout le refte : C'eft à dire, pour planter, labourer & cultiver les arbres en buiffon, il faut obferver les mefmes regles, ou à peu prés, que pour les Efpaliers. Quoy qu'à mon fens, la façon de tailler les arbres foit affez nettement expliquée

dans les Chapitres precedans, il s'en est
trouvé qui ne l'ont pas trouvée assez am-
ple, à cause que l'on n'a point parlé de
la reforme de tailler de ces anciens Jardiniers, qui tondoient leurs buissons d'arbres fruitiers avec des cizeaux à tondre
les Parterres, comme s'ils eussent tondu
des buissons de Cyprez, faisant le dessus
tout plat comme une table, & le dedans en
confusion sans en rien retrancher, ce qui
causoit qu'ils ne portoient que peu ou
point de fruits. Il faut donc que le Jardinier taille au decours de Fevrier son buisson, de sorte que le Soleil y soit receu par
tout, que les branches qui sont plus fortes
soient taillées plus longues que les foibles,
que la coupe faite avec la serpette soit
toûjours tirée du dedans, le dos de la serpette vers le milieu de l'arbre, & le cou-
pant de la mesme serpette vers soy, afin
de faire élargir le buisson s'il n'est garny
également de bois par tout, & que l'on
taille sur le jeune bois où il n'y aura
qu'une branche d'un an, soit qu'elle ne
soit garnie que de boutons à feüille, ou
d'autres petites branches qui se soient faites pour avoir esté pincées au decours du
mois de May, ou de Juin. Il faut prendre
la branche que l'on voudra couper en pied
de Biche, de sorte que si c'est une petite

branche qui se jette du costé que vostre buisson est degarny, on y laisse celle qui y tend; & s'il n'y a que de petits boutons à feüilles, il faut couper, comme dit est, en pied de Biche au dessous de celuy qui y est tourné, le laissant afin qu'il y pousse une branche au Printemps.

Si l'on taille dans le vieil bois, & que le buisson soit également garny, il faut chercher les branches qui se jettent en dehors, afin de le faire élargir, & que le Soleil y entre, & tailler toûjours soit proche de la branche, soit proche du petit œil qui ne pousseroit qu'une feüille s'il n'estoit taillé, car autrement il resteroit un chicot qui ne se pouroit recouvrir, & qui seroit desagreable.

Il faut aussi soigneusement ébourgeonner au decours de May, les jeunes branches de l'année, qui se forment proche où l'on a taillé l'hyver, en retranchant celles qui viennent au dedans du buisson & des deux costez des branches, si elles sont trop pressées, & laisser toûjours celle du bout de la branche la plus proche de la taille, & celle qui se jette en dehors, & les pincer tout proche le petit œil, & non entre-deux, crainte de laisser un chicot.

Il ne faut jamais que le buisson dans toute sa perfection ait plus d'une toize de

haut, c'est pourquoy il le faut faire élargir;
ce qui le fortifie & le garantit des grands
vents, tant à cause qu'il est tenu bas, qu'à
cause que la taille fortifie ses branches les
faisant grossir, & consequemment les ren-
dant plus fortes pour n'estre pas agitées,
& pour mieux resister aux grands vents.

Des Fumiers.

OUtre les observations precedentes,
qui ont esté faites aux Chapitres
pour fumer les arbres, & pour connoistre
la terre dans laquelle ils sont plantez; il est
bon de remarquer quelque chose en general touchant la nature des fumiers, & leurs
differentes qualitez.

Le fumier de Vache bien pourry est le
meilleur de tous pour les arbres, parce qu'il
dure plus long-temps qu'aucun autre, &
qu'il n'a pas trop de chaleur : C'est pourquoy on doit l'enterrer au commencement
de l'Hyver en labourant la terre.

Celuy de mouton est plus chaud, &
n'est si propre pour les Terroirs qui sont
secs & brûlans, s'il n'est point consommé;
faut l'enterrer dans la terre en la mesme
saison.

Celuy de Cheval est encore plus brû-

lant, & n'eſt gueres propre que pour les
lieux qui ſont humides, car en ces endroits
il vaut mieux que tous les autres. Il eſt
vray, que quand il eſt bien fort conſommé & pourry, on le peut mettre par tout;
mais generalement parlant, il eſt plus propre pour les herbes potageres & pour les
legumes, que pour les arbres. Il eſt meilleur de le mettre ſur la terre au commencement de l'Hyver, afin que les pluyes &
les gelées le pourriſſent, & luy faſſent perdre ſa trop grande chaleur; & puis au
Printemps on le met dans la terre, lors
qu'on luy donne le premier labour.

Le fumier de Cochon eſt plus frais
qu'aucun autre, & eſt tres-propre pour
les arbres, principalement quand le terroir eſt brûlant, & ſujet à une trop grande
chaleur: Il doit toûjours eſtre en terre, &
non pas eſtre mis au deſſus de la terre, &
comme il n'a pas trop de chaleur, on peut
l'employer auſſi bien au Printemps qu'au
commencement de l'Hyver.

Celuy de Pigeon eſt le plus violent, &
plus chaud de tous; mais quand ſon ardeur
eſt éteinte, il fait merveille pour reveiller
la vigueur d'un arbre, & pour luy donner
de belles verdures. On ne le doit jamais
enterrer qu'il n'ait eſté long temps à la
pluye & à la gelée; & pour bien faire, il

faut toûjours l'étendre fur la terre, au commencement de l'Hyver , & ne l'enterrer qu'au Printemps. Mais comme fon effet eft prompt, auffi fa force ne dure pas long-temps : car il n'y a pas de fumier qui s'aneantiffe fi-toft dans la terre que celuy là, & un an ou deux aprés qu'il aura efté employé , la terre n'en reçoit plus aucun avantage.

Des Animaux qui nuifent aux Arbres & aux Fruits.

Enfemble de plufieurs accidens qui leur font contraires.

1. CE n'eft pas affez de donner une bonne place à un arbre, & de le bien cultiver quand il eft planté ; il faut encore le preferver de plufieurs accidens aufquels il eft fujet, & le defendre de mille petits ennemis qui l'attaquent : Les Chenilles, les Hannetons, les Cantarides, les Fourmis, & quantité d'autres fortes d'Animaux leur declarent la guerre par dehors avec des armes innombrables : les Taupes, les Mulots, & certains Vers blancs defquels les Hannetons naiffent au Printemps qui mangent les racines , les perfe-

cutent au dedans de la terre. Il y a mefme de certains Vers qui fe forment dans la propre fubftance de l'arbre, & dans l'endroit auquel toute fa vie eft renfermée, qui eft entre le bois & l'écorce, qui fait deffeicher les branches, & peu à peu le deftruit entierement fi on n'y remedie. De plus, les Loirs, les Rats, les Guefpes, veulent auffi profiter de leurs dépoüilles, & devorent & corrompent en peu de temps les fruits pour lefquels le Jardinier a travaillé tout le long de l'année. Voicy les remedes qu'on doit apporter contre toutes ces differentes fortes de beftes vivantes.

2. Pour les Chenilles, il faut prendre grand foin tout le long de l'Hyver, d'ofter tous les fourreaux qui font attachez aux arbres, dans lefquels la graine de cette dangereufe vermine eft cachée; mais il ne fuffit pas d'éplucher ainfi les arbres fruitiers, & ceux fur lefquels principalement s'étend le foin du Jardinier: Il faut couper toutes les hayes & les branches des autres arbres qui fe trouveront à plus de deux ou trois toifes à l'entour; car autrement leur voifinage ne tarderoit gueres à infecter les fruits de cette miferable pefte, auffi-toft qu'ils viendroient à éclore. Il faut auffi prendre foin de brûler tous ces fourreaux, car il ne fuffit pas de les couper & les laiffer

fur la terre, où ils germeroient auſſi bien
que ſur les branches des arbres. Il y en a
d'une certaine eſpece qui viennent des petits anneaux qui ſe forment à l'entour des
arbres, & qui ſont d'autant plus difficiles
à oſter, qu'elles ſont preſque inviſibles juſques à ce qu'elles ſoient écloſes : C'eſt lors
qu'il les faut auſſi bien oſter que celles qui
s'engendrent ſubitement de l'impreſſion de
l'air, quand la fraîcheur du ſoir & du matin
les obligent à s'amonceler, & de ſe mettre
toutes enſemble : On dit, que quand on lie
un arbre de Seigle verd, ou que l'on lie
meſme des branches de Sureau ou d'Hie-
ble, parmy celles de l'arbre, que les Chenilles n'en approchent plus. Quelques-
uns auſſi arrouſent les branches & les feüilles de l'arbre avec de l'eau en laquelle on
aura infuſé du Salpetre, ou mis tremper de
la Ruë concaſſée pour faire mourir cette
vermine.

3. Pour les Hannetons, ſi on ne veut a-
voir la patience d'atendre la premiere pluye
qui viendra en abondance, il ne faut que
ſecoüer les arbres, auſquels ils ſont attachez, & les faire tomber par terre pour les
écrazer.

4. Les Cantarides peuvent eſtre extermi-
nées de meſme façon ; ou bien ſi vous ar-
rouſez les branches ou Arbres ſur leſquels

elles font , d'eau boüillie avec de la Sauge, ou de la Ruë , & refroidie , cela les fait mourir. On dit auffi que les Roziers en garantiffent leur voifinage , & qu'elles ne fe mettent jamais dans la paliffade où on en a planté.

5. Pour les Fourmis, le fon des fcieures d'aix broyé, délié, épandu à l'entour de l'arbre qu'ils gâtent par leur frequentation , leur en empêche entierement l'accés , parce que ces petites beftes n'ofent paffer pardeffus cette poudre qu'elles fentent mouvoir fous elles. Une ligne un peu large tirée tout à l'entour de l'arbre , avec du charbon de terre fait la mefme chofe , parce qu'elles n'ont pas de prife pour monter fur l'arbre , par cét endroit que le charbon de terre rend tout lice : un cercle de glu les empêche auffi d'y monter.

6. Pour les Taupes & les Mulots, le Jardinier doit avoir foin de les prendre avec de certains engins de bois que l'on fait exprés pour ce fujet. On dit auffi qu'un certain fimple nommé *Horti palma* , a la proprieté de chaffer les Taupes des lieux où on la plante.

7. Les branches d'Hiebles fraîchement cueillies & mêlées avec celles de l'arbre, empêchent que les Loirs & les Rats n'en approchent.

Des Pepinieres.

1. CEux qui font curieux des plants, doivent prendre foin de bonne heure d'élever de grandes & amples Pepinieres de toutes fortes de fruits, parce qu'on eſt beaucoup plus aſſuré de la bonté des arbres, & des eſpeces que l'on defire lors qu'on les prend chez foy, il les faut chercher ailleurs: & outre ce, il eſt bien plus avantageux d'eſtre en eſtat d'en faire largeſſe à ceux qui en ont befoin, que d'eſtre obligé d'en acheter pour foy mefme.

2. Les Pepinieres femblent eſtre principalement pour les fruits à Pepins dont elles tirent leur nom; neantmoins fous ce mot on comprend toute forte de jeunes Arbres, qu'on éleve en quelque façon que ce foit, pour replanter par aprés en quelques autres endroits.

3. Pour faire une bonne Pepiniere de Poiriers & Pommiers, il faut une terre qui foit fort douce, afin que les racines la puiſſent penetrer facilement, & y pouſſer beaucoup de chevelu, & faire des rigoles d'un fer de bêche feulement, de trois pieds en trois pieds, & y planter au mois de Novembre, par un beau-temps du petit plant de Poi-

rier & Pommier, bien choisi, de belle venuë, & qui soit levé d'une année seulement
ou de deux au plus, & mettre ces petits
Pepins de sept à huit poulces l'un de l'autre dans les rigoles, & prendre garde de
ne les pas poser plus avant dans la terre,
qu'ils estoient au lieu d'où on les a tirez,
leur coupper la moitié de la racine en les
plantant, & mesme les rogner par le
haut devant l'Hyver : & puis, aprés avoir
bien garny les racines de terre menuë & legere, & remply les rigoles, il faut les motter de terre bien proprement le long des
rangées ; en sorte qu'on ne voye presque
point le pepin, & aprés l'Hyver, au mois
d'Avril, lors qu'ils commencent à pousser, il les faut émonder avec les doigts, &
n'y laisser qu'un seul bourgeon.

4. Environ trois semaines avant la S. Jean
lors que la feugere est encore tendre : il est
fort bon d'en mettre de toute fraîche, &
nouvellement cueillie à l'entour des rangées, en mesme temps qu'on les aura labourées, pour conserver la fraîcheur de la
terre, & pour empêcher que la chaleur de
l'Esté n'incommode ces petits arbrisseaux
qui n'ont pas encore la force de se défendre ; mais en labourant, il faut bien prendre garde de ne pas toucher aux racines :
C'est pourquoy il suffit de donner un dé-

my fer de bêche au labour proche des rangées, pourveu qu'au milieu on donne la profondeur ordinaire quand l'Hyver sera venu, il faudra enterrer cette feugere au milieu des rigoles, afin qu'elle s'y consomme, & déchauffer les arbres en ostant une partie de la terre, dont on les avoit buttez ; en sorte neantmoins qu'il en demeure encore un peu au dessus de la hauteur ordinaire de la terre, pour défendre les arbres contre la gelée de l'Hyver.

5. Il faut prendre le premier beau-temps du mois de Mars de l'année suivante, pour labourer cette mesme Pepiniere ; & en labourant, on couppera avec la bêche la feugere enterrée au commencement de l'Hyver, & qui sera à demy pourrie, dont on rechauffera les arbres, en la mêlant avec la terre; & on les buttera encore de la même sorte, & de la mesme maniere qu'on a fait en les plantant : on doit continuer de renouveler cette façon deux ou trois fois de suite, jusques à ce que les arbres soient assez forts pour estre greffez.

6. A mesure que le Pepin croist, il faut nettoyer toutes les petites branches qu'il jette jusques à la hauteur de demy-pied de terre, pour tenir la place nette, où on doit poser la greffe ; mais il ne faut rien coupper plus haut, ny émonder le sauvageon

en aucune façon ; car cela ne ferviroit de rien , , puis qu'il n'importe pas de quelle forte vienne ce bois qui fera couppé lors qu'on greffera l'arbre, & cela nuiroit beaucoup à fa croiffance , car la féve s'évapore par les ouvertures qu'on fait en couppant les petites branches & la fubftance des arbres, qui eft encore fort foible, fe diffipe au lieu de fe conferver & fe fortifier.

7. Si les Pepins font plantez en bonne terre, & cultivez de la forte ; ils feront bons à greffer la quatriéme année, & lors il faut obferver de ne mettre qu'une greffe à chaque pied, quelque gros qu'il puiffe eftre; & cette greffe doit eftre proportionnée à la groffeur du fauvageon , & eftre choifie plus ou moins groffe fuivant fa force.

8. Il faut coupper les fauvageons que l'on greffe en pied de Biche , parce que de cette forte l'arbre reprend mieux fon écorce, & fe recouvre plûtoft.

9. On doit obferver de mettre toûjours le dos de la coupure de l'arbre au Midy, afin que le Soleil ne donne pas à plomb deffus, & n'y faffe point gerfure : C'eft pourquoy il faut ainfi bien prendre garde que la Bauge qu'on met deffus, qu'on appelle Marotte , ne fe defaffe , & ne laiffe l'arbre découvert. Cette maxime eft toûjours à ob-

ſerver en toutes ſortes d'arbres que l'on
taille.

10. Comme la greffe en fente eſt la meilleure, & la plus ordinaire pour les arbres
qui s'élevent en tige ; auſſi on ne conſide-
re que celle-là pour cette ſorte de Pepinieres, ce n'eſt pas que l'œil dormant n'y
puiſſe pas reüſſir, principalement pour les
Poiriers : mais il eſt plus propre pour les
fruits à Noyau, & pour les Coignaſſiers,
que pour les Poiriers & Pommiers ſur Pepin ; & les Pommiers ſont fort lents à venir, quand on les ente de cette façon.

11. Il n'y a preſque aucune ſaiſon de l'année dans laquelle on ne puiſſe greffer, car
tout le long de l'Eſté on peut écuſſonner,
& en l'Automne ; & pendant l'Hyver on
peut greffer en fente : neantmoins la meilleure ſaiſon pour greffer de cette ſorte, &
la plus aſſurée, eſt au mois de Mars ou d'A-
vril, & meſme au mois de May au decours
de la Lune, pourveu que les greffes ſoient
cueillies en Fevrier ou Mars, avant que
d'eſtre en ſéve & enterrées tout-à-fait &
couvertes de demy-pied de terre. De cette ſorte j'en ay greffé un jour ou deux devant la Feſte-Dieu, qui ont fort bien re-
pris : la raiſon eſt, que la ſéve du ſauvageon eſtant bien diſpoſée & avancée pour
nourrir voſtre greffe ſuivant le proverbe,

qui dit : plantez toſt & greffez tard, pour cueillir les greffes, on le peut faire indifferemment en decours, ou en Croiſſant.

12. On doit toûjours choiſir des greffes ſur de bons arbres, & qui ſoient en leur année de rapport : C'eſt à dire, qu'ils ayent beaucoup de boutons à fleur ; car l'arbre que vous greffez tiendra toûjours l'eſtat auquel eſtoit l'arbre dont vous luy avez donné la greffe, lors que vous l'avez cueillie : & rapportera ordinairement beaucoup de fruits, ſi cét arbre qui luy donne toute ſa nature, eſtoit lors bien chargé ; comme au contraire, il demeurera ſterile, & ne rapportera du fruit que fort rarement ſi ce meſme arbre eſtoit lors en ſon année de repos. Et ce qui eſt le plus important, c'eſt qu'il faut attendre le plus qu'on peut la fin du decours quand on greffe, parce que les arbres en portent plûtoſt le fruit, ce qui s'apprend facilement par l'experience : Si vous greffez deux ou trois jours vers la fin du decours, vous ne manquerez point d'avoir du fruit la ſeconde ou troiſiéme année quand voſtre greffe eſt arrêtée ſur le Coignaſſier & ébourgeonnée ſur le franc. Ce qui eſt un ſecret d'importance des bons & experimentez Jardiniers, qui dit, plantez toſt, & greffez tard.

13. Lors que la greffe commence à pouſſer

il la faut ébourgeonner avec les doigts, en
sorte qu'il n'y demeure qu'un bourgeon,
afin qu'il ne se fasse point de fourche, &
que toute la force de l'arbre s'employe à la
branche qu'on veut conserver ; mais aprés
cela, il ne faut point émonder ny rien couper à l'arbre, quelques branches qu'il pouf-
se, jusques à la troisiéme année ; & lors
non seulement, il faudra oster les inutiles,
& conduire l'arbre en l'estat auquel il doit
estre ; cela s'entend pour les arbres qu'on
éleve en pied droit.

14. Les Pommiers doivent estre separez des
Poiriers dans les Pepinieres : Et pour observer un bon ordre, on doit distinguer les
differents fruits qui seront entez par les
differentes rangées des arbres. Dans le
Chapitre suivant, il sera parlé des differentes sortes de fruits, & du choix qu'on y
doit apporter.

15. On peut aussi greffer de la mesme façon, & en gardant les mesmes regles, des
Pommiers francs de toutes especes, sur de
petits Pommiers de Paradis, pour en faire
aprés des buissons, qui reüssissent fort bien,
& rapportent quantité de fruits : mais comme cette espece de Sauvageon pousse fort
peu de bois, si ceux qu'on met en Pepinieres ont déja quelque petite grosseur, il ne
faut pas les rogner bas, & il faut conser-

uër un demy-pied ou environ de hauteur, afin que l'arbre ayant pousſé, on puiſſe mettre la greffe ſur ce vieil bois : car ſi on eſt obligé d'attendre que le nouveau qu'il pouſſera, ſoit aſſez gros pour porter la greffe, on attendra long-temps. Il faut auſſi prendre garde de ne pas greffer trop bas, de peur que l'arbre ne prenne racine du deſſus de la greffe, à quoy les Pommiers ſont fort ſujets : car en ce cas, ce ne ſeroit plus un arbre nain, & il prendroit la nature & la forme d'un Pommier ordinaire.

16. Il faut obſerver toutes les meſmes regles pour les Abricotiers, Pruniers, Pêchers & Ceriziers, quand on les greffe en fente pour les élever en grands arbres ; excepté qu'il faut obſerver à greffer plûtoſt, & dés le decours de la Lune de Janvier ou Fevrier : Il eſt vray que la pluſpart de ces fruits-là, particulierement les Pêchers, aiment beaucoup mieux l'écuſſon en œil dormant. Que ſi on les veut conduire en eſpaliers ou en buiſſons, il faut garder les regles qui ſont données pour les Poiriers de la meſme ſorte.

17. L'Ecuſſon en œil dormant eſt propre pour tous les fruits à noyau ; mais à la verité moins pour les Ceriziers, que pour les autres : parce qu'ils jettent ordinairement beaucoup de gomme, par l'endroit

qui eſt ouvert pour y inſerer l'Ecuſſon ; & cette gomme empêche que l'œil ne puiſſe pouſſer au Printemps : C'eſt pourquoy , il vaut mieux Ecuſſonner les Ceriziers au decours de May ou de Juin ; parce que l'Ecuſſon fait en ce temps-là , pouſſe auſſitoſt qu'il eſt fait : on ſe peut ſervir auſſi pour les autres fruits de cét Ecuſſon ; mais avec moins de ſuccés , & de cette ſorte il faut couper l'arbre en meſme temps qu'on l'Ecuſſonne. Ceux qui Ecuſſonnent en œil dormant , doivent prendre garde de ne mettre jamais deux greffes vis-à-vis l'une de l'autre , des deux coſtez de l'arbre : parce qu'on ne pourroit pas par aprés couper aiſément le ſauvageon , quand les greffes auroient pouſſé , & il demeureroit toûjours de ſon bois entre les deux ; C'eſt pourquoy il faut mettre toûjours les greffes en telle ſorte , que l'une ſoit toûjours plus haute , & l'autre plus baſſe.

18. Quand on a Ecuſſonné un arbre en œil dormant , il ne faut rien y couper juſques à ce que l'Hyver ſoit paſſé , & quand au renouveau l'œil de la greffe commencera à pouſſer , il faut couper le ſauvageon deux ou trois poulces au deſſus , & non plus prés , de peur d'alterer la greffe ; & l'année ſuivante , & meſme la ſeconde , quand la greffe eſt bien repriſe , on coupe

ce bois-là tout proche.

19. L'Ecuſſon en œil dormant ſe fait toûjours en decours, ou en celuy de Juillet,
ou meſme quelquefois en celuy de Juin,
s'il eſt bien avancé dans le mois de Juillet;
car il faut toûjours Ecuſſonner de cette
ſorte, ou à la fin de Juillet, ou au commencement d'Aouſt.

20. Si on voit que l'œil de l'Ecuſſon veüille
pouſſer avant l'Hyver, on peut l'empêcher
en déliant de bonne heure la branche Ecuſ-
ſonnée.

21. La Laine vaut beaucoup mieux que la
Filaſſe pour faire le lien de l'Ecuſſon,
parce qu'elle ne ſerre pas tant l'arbre, &
qu'elle s'étend à meſure que la branche
s'enfle.

22. Les Ceriziers reüſſiſſent fort bien greffez en fente, & en Ecuſſon à la S. Jean,
ſur des Meriziers rouges, car les Meriziers noirs n'ont pas la ſéve ſi bonne, &
viennent mieux de cette ſorte que ſi on les
greffe ſur des Ceriziers de racine, particulierement quand on veut les élever en
grands arbres. Il en eſt de meſme des Bigarotiers, & Griotiers : & quand on veut
les tenir en buiſſon, il faut avoir ſoin de
les greffer fort bas, & d'arreſter la greffe
au meſme temps qu'elle commencera à
pouſſer, afin qu'elle branche, & que l'ar-

bre fasse sa teste dés le bas.

23. Les Ceriziers precoces , pour estre fort hastifs veulent estre greffez sur des Ceriziers de racine, qui soient aussi de na- ture hâtive ; car ils ne s'avancent pas tant , quand ils sont sur des Meriziers.

24 Les Abricotiers se greffent sur les Abri- cotiers de Noyau, sur les Pruniers & Pê- chers, & Amandiers, & reüssissent bien en toutes sortes de greffes. Il y en a qui di- sent qu'ils prennent aussi sur le Meurier, & qu'ils ne sont point sujets à la gelée, quand ils sont greffez sur cét arbre, de sa nature extrémement tardif, & qui ne pous- se point qu'aprés les gelées. Il est difficile à croire , que ces deux séves si differentes puissent se rencontrer & se mêler ensem- ble, & plusieurs qui y ont essayé n'y ont pas reüssi.

25. Le Pêcher veut estre greffé sur le Pru- nier , ou sur le Pêcher de Noyau , ou sur l'Amandier , ou sur l'Abricotier : il ayme principalement l'œil dormant , on l'éleve aussi fort bien de Noyau , & il y a certai- nes especes ; comme les Pêches de Pau, & beaucoup d'autres, qui reüssissent pour le moins aussi bien venuës de Noyau, que si elles estoient greffées. Ceux qui sont sur le Prunier viennent fort bien , mais la ra- cine de Prunier est incommode pour le

voiſinage, parce qu'elle mange beaucoup de terre, & pouſſe des rejettons de tous coſtez : ils durenr plus long temps que ſur le Pêcher. Pour ceux qui ſont ſur l'Aman-dier, ils durent auſſi long-temps, & dans le terroir ſablonneux, ils valent mieux que tous les autres ; mais ils ont grande peine à reprendre, quand ils ſont tranſplantez d'un lieu en un autre, ſi on ne les plante au mois de Novembre : C'eſt pourquoy il eſt plus à propos de ſemer des Amandes, au lieu meſme où on en voudra conſerver les Arbres pour les greffer par aprés, que de les mettre en Pepiniere pour les tranſ-planter par aprés. Ceux qui ſont greffez ſur d'autres Pêchers, reüſſiſſent encore mieux pour la groſſeur & qualité du fruit, que ſur tous les autres, parce que les deux eſtans de meſme nature ſe trouvent mieux enſemble ; mais ils durent moins que tous les autres. L'Abricotier eſt auſſi fort bon pour greffer des Pêchers, particulierement ceux qui ſont hâtifs : il eſt quelquefois ſujet à jetter de la gomme auſſi bien que les Ceriziers quand on les greffe en œil dormant ; mais cela n'eſt pas ordinaire.

26. Les Pruniers ſe greffent ordinairement ſur d'autres Pruniers, ſi ce n'eſt qu'on les veüille mettre proche d'autres plants, & qu'on craigne qu'ils ne rejettent trop de

rejettons de leurs racines ; car pour éviter ces inconveniens , on peut les greffer sur des Abricotiers de noyau, ou sur Amandiers.

27. Les Abricotiers se greffent , ou sur d'autres Abricotiers de Noyau, ou sur des Pruniers , & mesme sur des Pêchers & Amandiers.

28. Il faut observer que les Pruniers de Damas noir, & ceux de S. Julien, sont incomparablement meilleurs que tous les autres pour greffer ; & ceux qui sont curieux des arbres , ne se serviront jamais d'autres especes pour leurs Pepinieres, tant qu'ils en pourront recouvrer de ces deux-là.

29. Les distances cy-dessus marquées pour les arbres en Pepinieres , sont propres pour ceux qu'on doit élever en haute tige, & pour ceux dont on desire faire des Espaliers ou des Buissons ; on peut bien donner la mesme distance entre les rangées ; mais il faut que dans l'ordre des rangées les arbres soient à deux pieds l'un de l'autre, au lieu qu'il suffit de mettre ceux qui s'élevent en tige à six ou huit poulces. La raison est , qu'il faut étendre de bonne heure , & dés le commencement, les arbres destinez pour les buissons & les Espaliers ; & s'ils estoient pressez dans les Pe-

pinieres, ils s'éleveroient en haut, au lieu de prendre cette forme. Cette regle doit servir, tant pour les fruits à Noyau, que pour les fruits à Pepins.

30. On greffe des Poiriers pour mettre en Espaliers, ou en buiſſons, ou ſur des ſauvageons de Pepin, ou ſur des Coignaſ-ſiers. Pour les premiers, on peut les greffer indifferemment, ou en fente, ou en œil dormant ; pour les Coignaſſiers, ils reüſ-ſiſſent beaucoup mieux en œil dormant ; & quand ils ſont greffez en fente, ils ont de la peine à ſe recouvrir.

31. Les Coignaſſiers ſont beaucoup meil-leurs pour toutes ſortes de Poires en buiſ-ſon & en Eſpalier, que les ſauvageons de Pepin, parce que naturellement ils tien-nent cette figure, au lieu que les autres veulent s'élever, & il faut inceſſamment les couper & les tailler pour les aſſujettir, & empêcher qu'ils ne s'échappent : & l'ex-perience fait connoiſtre, que les Poiriers ſur Coignaſſiers chargent bien plus, rap-portent du fruit bien plus beau, & gardent bien plus aiſément la figure qu'on leur veut donner ; & les autres ne pouſſent que du bois. Il eſt vray que les premiers fruits qui viennent ſur Coignaſſier, retien-nent ſouvent quelque choſe de ſon eſpece, particulierement quand ils viennent en une

terre

terre qui n'eſt pas bien douce, mais cela ſe paſſe incontinent ; & les deux ou trois premieres années, emportent entierement tout ce qu'on peut remarquer de diffrence dedans le goût. Le Chapitre ſuivant marquera quelques eſpeces de fruits, qui peuvent reüſſir en cette figure, eſtans greffez ſur Pepin ; mais il y en a fort peu : il faut ſeulement icy remarquer, que dans les terres douces on ne doit point ſe ſervir d'autres arbres en Eſpaliers & en buiſſons, que ſur Coignaſſiers, mais pour les terres fortes & graveleuſes, le Pepin y reüſſit quelquesfois mieux.

32. Il y a une difference tres-grande entre le Coignier & le Coignaſſier : le Coignier eſt Pommier de Coing, & le Coignaſſier le Poirier : le premier a l'écorce plus griſe, tirant ſur le blanc & plus lice, les branches plus raliées & plus fourchées, les feüilles plus petites, les fruits plus pierreux & plus petits.

Le Coignaſſier pouſſe ſes branches plus droites, a l'écorce plus noire & veluë, & les feüilles beaucoup plus larges : le fruit plus gros & moins pierreux, qu'on appelle Coignaſſe : C'eſt celuy-là qu'il faut choiſir pour greffer, car l'arbre retiendra toutes ſes bonnes qualitez, & pouſſera un bien plus beau bois, & le fruit en ſera

beaucoup meilleur ; au contraire, le Coignier ne peut feconder la bonté de la greffe
que vous luy donneriez ; & quand elle a
formé un arbre, il fe trouve que le pied qui
eft de Coignier , ne répond pas à la groffeur ; & ainfi il fe fait une boffe à l'endroit
de la greffe, qui non feulement rend l'arbre difforme , mais auffi témoigne que le
pied n'eft pas fuffifant pour le nourrir. On
connoift depuis peu une certaine efpece de
Coignaffiers , que l'on appelle de Portu-
gal, peut-eftre, parce qu'elle en eft venuë,
qui a la feüille extrémement large, & qui
eft affurément meilleure que toutes les autres.

33. Quand on plante des Coignaffiers en
Pepinieres , ou en un lieu auquel on defire
les greffer , il faut les couper à un poulce
de terre , afin qu'il rejette du pied , parce
que c'eft fur le nouveau jet qu'il faut Ecuf-
fonner.

34. On doit obferver la mefme chofe pour
les Pruniers qu'on plante en Pepinieres,
pour greffer en Ecuffon.

Un mefme arbre peut eftre Ecuffonné
plufieurs fois, & eft fort à propos pour
avoir de fort beaux fruits, & le faire ainfi
de differentes efpeces : par exemple, de
mettre des Poires de Livres, ou de bon-
Chreftien d'Efté fur des Coignaffiers : &

puis regreffer de bon-Chreſtien d'Hyver,
& de Bergamotte : meſme on doit toûjours
avoir quantité d'arbres en une Pepiniere
de Coignaſſiers, greffez de ces gros fruits-
là, ou de Valée, dont la ſéve eſt excellente
pour recevoir toutes ſortes de greffes : par
ce moyen on peut greffer ſur des branches
de ces arbres-là, en fente des greffes qui
viennent quelquefois de loin, & des endroits deſquels on ne pourroit pas apporter des Ecuſſons en Eſté, & le Coignaſſier
ne reüſſit guere bien en fente.

Il n'eſt icy parlé que de trois ſortes de
greffes, en fente, en Ecuſſon, au decours
de May & de Juin, & en œil dormant :
Ce n'eſt pas qu'il n'y en ait encore d'autres ſortes, dont on ſe puiſſe ſervir : mais
celles-là ſuffiront, comme eſtant les principales. Beaucoup de gens croyent qu'il
n'eſt pas à propos d'avoir des Pepinieres
en bonne terre : parce qu'ils diſent que les
arbres en eſtans ſortis, & ne trouvant pas
ailleurs un ſi bon fond, ne peuvent bien
reüſſir, eſtans accoûtumez à une meilleure
nourriture ; comme au contraire, ils font
merveilles ſi eſtans tirez d'une terre mai-
gre, on les tranſplante dans une meilleure :
l'exprience neantmoins fait voir & connoiſtre, que les arbres élevez dans un bon
fond, particulierement dans une terre

douce, font beaucoup meilleurs pour tranf-
planter en quelque endroit que ce foit,
que les autres, & la raifon en eft auffi évi-
dente: parce que ces arbres-là ont toûjours
de belles racines, & beaucoup de chevelu;
de plus, une bonne féve, & a beaucoup
de force dans le bon terroir : ce qui fait
qu'ils ont beaucoup de vigueur en quelque
endroit que vous les mettiez, que les autres, qui eftans venus en mauvaife terre,
n'ont jamais bonne racine, & font toûjours languiffantes.

Ce n'eft pas affez d'avoir des Pepinieres, il faut avoir des Pepinieres de Pepinieres : C'eft à dire, qu'il faut prendre
chez foy dequoy peupler les Pepinieres:
Pour cét effet, il faut femer du Pepin de
Pommes, & du Pepin de Poires feparément, pour ne le point confondre dans
une terre bien preparée : il ne faut que
prendre du marc de Cidre, & l'étendre
fur la terre, & puis la mêler avec le râteau,
de la mefme forte que les Jardiniers fe-
ment leurs graines : un an ou deux aprés
qu'il fera levé, on pourra le mettre dans
la Pepiniere. Pour les Pêchers & Abricotiers, ils s'élevent de Noyau. Les Pruniers doivent eftre pris de rejettons qui fe
trouvent aux environs des Pruniers de Damas noir, & de S. Julien : & pour les

Coignaſſiers, il faut en élever de gros,
qui ne ſervent à autre choſe qu'à en produire de jeunes : ce qui ſe fait en les cou-
pant fort prés de terre, & en rognant toutes les branches qu'ils pouſſent tous les
ans : Les branches couchées dans la terre,
prennent aſſez de racines pour eſtre plan-
tées un an aprés par tout où on voudra:
Les Pommiers de Paradis s'élevent de même façon.

Des differentes eſpeces de fruits, & de quelle
façon elles reüßiſſent.

IL eſt des gens qui croyent que tous les
fruits qui n'eſtoient pas connus il y a
cent ans, ne valent rien, & ne meritent
pas d'eſtre cultivez : d'autres au contraire,
exercent bien leur curioſité à en avoir de
toutes les eſpeces indifferemment, &
croyent exceller pardeſſus tous ceux qui ſe
mêlent des Plants, quand ils en ont quantité de noms bizares, & entierement inconnus à tous les autres. On doit s'éloi-
gner également de ces deux extremitez :
parce qu'il eſt certain que nous connoiſ-
ſons quantité d'excellens fruits, qui étoient
ou inconnus, ou negligez par nos Peres;
comme auſſi ceux qui entreprennent d'en

avoir de toutes les fortes, font occuper
inutilement de bonnes places à plufieurs
mauvais arbres, qui feroient beaucoup
mieux employez pour les bons : C'eft
pourquoy il faut obferver quels font les
bons fruits; ceux qui meritent le foin &
la culture des Jardiniers, foit pour les
fruits à Noyau, ou pour les fruits à Pepins.

Des differentes efpeces de fruits à Noyau.

POur les Cerizes, il n'y a pas grande
obfervation à faire, parce qu'il n'y
en a pas de grande quantité d'efpeces, &
elles font connuës de tout le monde : il en
eft principalement de cinq fortes. Cerizes
Precoces, Cerizes hâtives, Cerizes à feüille de Sauge, groffes Cerizes à courte
queuë, & Cerizes tardives à longue queuë,
qui viennent jufques à cinq ou fix fur une
mefme queuë. Les Precoces femblent eftre
cultivées depuis quelque temps feulement:
elles ne font eftimables, que parce qu'elles font meures, beaucoup avant toutes
fortes d'autre fruit. Et pour les hâter davantage, il faut les greffer fur des Ceriziers hâtifs de racine, & les expofer au
grand Soleil, le long des murailles, en Ef-

palier, afin que la chaleur extraordinaire avance encore leur maturité.

Les Guignes, les Bigareaux & les Griotes font de mefme nature que les Cerifes, & ne meritent plus grande obfervation : Il faut feulement remarquer que les Cerizes & les Griotes viennent bien en buiffons ; ainfi qu'il eft obfervé au Chapitre des buiffons ; mais les Bigareaux & les Guignes ont peine d'y reüffir, parce que leurs arbres pouffent trop de bois, & defirent eftre élevez de tige. Il eft trois fortes de Guignes, blanches, rouges & noires, qu'on appelle Cœurs : On ne connoift qu'une efpece de Bigareaux, & qu'une efpece de Griotes.

Pour les Abricotiers, on n'en connoift gueres, que de deux ou trois fortes ; à fçavoir de petits Abricots mufquez, qui ont l'amende douce, & des Abricots ordinaires. Ils veulent un grand abry, & font plus propres en Efpaliers qu'en buiffons, ny en grands arbres. Il eft beaucoup plus de differentes efpeces, & de differentes fortes de Prunes, que de Cerizes & d'Abricots.

Voicy des Principales.

Petit Damas noir , de Tours.
Gros Damas noir.
Petit Damas blanc, hâtif.
Gros Damas blanc.
Damas gris musqué.
Damas violet ordinaire.
Gros Damas violet.
Damas verd.
Damas gris violet.
Damas gris blanc.
Perdrigon blanc.
Perdrigon violet.
Prunes de Mr, autrement Brignoles violettes.
Grosse Imperiale.
Imperiale tardive.
de Gaillon.
d'Attilles de Gouvar.
d'Attilles du Mans.
Prunes de Naples , autrement Damas gris de Caihan.

Toutes Prunes sont fort bonnes à manger cruës, celles qui suivent sont propres à faire des Pruneaux & des Confitures.

Moyens de Bourgongne , excellentes pour confire.

Mirabelle.

Mirabelle. Sainte Catherine.
Diaprée de la Roche-Courbon.
Prunes d'Abricot, de Tours.
Mirabons tranfparans.
Montmirot. d'Attille jaune. L'Ifle verd.

Toutes ces Prunes reüffiffent fort bien & en buiffons, & en grands arbres. Le Perdrigon eft plus delicat que toutes les au-tres : C'eft pourquoy il merite bien d'eftre mis en bonne place dans les efpaliers.

Des Pêches.

LEs Pêches meritent d'eftre cultivées avec grand foin ; c'eft pour leur beauté qui fur-paffe celle des autres fruits, & pour leur bonté qui égale pour le moins celle des plus delicats.

On les diftingue ordinairement en Pavis, qui ne quittent point le noyau, & qui font les mâles; & les Pêches qui quittent le noyau, & tiennent le rang des femelles : je croy qu'il n'y a point de mâle (c'eft à dire) de Pavy qui n'ait fa femelle; c'eft à dire, une Pêche de mefme forte ; ny au contraire, de Pêche qui n'ait fon Pavis, car on connoift l'une & l'autre dans la plus grande par-tie des differentes efpeces que nous remarquons: Ce qui fait croire qu'il en eft de mefme de tou-tes les autres que nous ne connoiffons pas enco-re, que l'un ou l'autre des deux ; La nature fans doute ayant également afforty toutes ces efpe-ces de fruits. Les principales Pêches & Pavis que nous connoiffons, fuivant l'ordre & leur nature, font celles cy.

Avant-Pêche blanche, Pavis à la fin de Juin.

I

Avant-Pêche d'Italie, qui quittent le noyau incontinent aprés.

Pêche de Troix blanche, qui quitte le noyau, en mesme temps.

Pêche de Troix, jaune, fort musquée, le quitte aussi.

Pêche de Troix, double, le quitte aussi, & les deux, en mesme temps que la blanche.

Alberge : C'est le Pavis de la Pêche de Troix, incontinent aprés, & ne quitte le noyau.

Pêche Magdelaine, quitte le noyau, & vient à la fin de Juillet, ou au commencement d'Aoust.

Pêche blanche hâtive, incontinent aprés.

Pavis blanc hâtif, qui est mâle de l'une ou l'autre de ces especes.

Pêche-Cerize, quitte le noyau, & vient à la my-Aoust.

Pêche violette licée le quitte, en mesme temps.

Brignon violet ou musqué.

Pavis mâle de la Pêche violette, incontinét aprés.

Brignon jaune, Pavis en mesme temps.

Pêche Royale, quitte le noyau, & est extrémement vermeille, en mesme temps.

Grosses Roussanes, Pavis en mesme temps.

Petites Roussanes extrémement musquées, Pavis, en mesme temps.

Gros Pavis jaunes & rouges, en mesme temps.

Persiques quittent le noyau, & viennent au commencement de Septembre.

Pêche de Pau, ou Persiques ronds, en mesme temps.

Grosses Pêches jaunes, quittent le noyau à la my-Septembre.

Pêches Bourdes, Pêches Abricotines, Pêches Olliers, Pêches de Corbeil, quittent le noyau, & sont bonnes en mesme temps.

Pêches blanches & vermeilles.

pêches de Narbonne, & Pêches admirables, ex-trémement groſſes, à la fin de Septembre, quittent le noyau.

Pavis admirable; qui eſt le mâle des precedendentes, fort gros, & fort coloré fruit, en cul de lampe, au commencement d'Octobre.

Pêche violette tardive, en meſme temps.

Brignon violet tardif, Pavis en meſme temps.

Pavis de Chinon, extrémement gros.

Mellicotons vermeils, rouges dedans, à l'entour du noyau, excellens Pavis, au commencement d'Octobre.

Pêche blanche & rouge, en Octobre, auſſi excellente.

Pavis blancs tardifs, à la my-Octobre, il en eſt de pluſieurs eſpeces en ce temps-là, qui ſont difficiles à diſtinguer, les uns plus tardifs, & les autres moins.

Pêche toute blanche, elle vient à la fin d'Octobre, & quitte le noyau.

Pêche Bete-rave, toute griſe & veluë, ſanguine par le dedans, quitte le noyau, à la fin d'Octobre.

Brignon Bete-rave, Pavis de meſme façon que la Pêche, excepté qu'il eſt licé par la peau.

Brignon tout noir, Pavis à la fin d'Octobre.

Il faut obſerver que les Pêches qui quittent le noyau, meuriſſent plûtoſt & plus facilement, & reſiſtent mieux à la gelée, & à la rigueur de l'air. Et entre celles-là, il n'y en a point de plus robuſtes que les Perſiques, & Pêches de Pau : C'eſt pourquoy il en faut élever beaucoup de ces eſpeces en grands arbres, en plein air, pourveu neantmoins qu'ils ſoient autant que faire ſe peut à l'abry ; car elles ſont beaucoup plus ſavoureuſes quand elles viennent de cette ſorte qu'en eſpaliers. Et pour les autres eſpeces, il les faut mettre en efpaliers le long des murailles, & en contre-efpaliers.

Des Pommiers.

IL faut élever les Pommiers en grands arbres' & en plein air : parce que ce fruit là eſt plus robuſte qu'aucun autre ; & ſi on en veut avoir en buiſſon, il faut les greffer ſur Paradis, qui ſont fort propres pour mettre contre des murailles, ou en d'autres endroits auſquels il n'y a pas aſſez de Soleil pour bien faire meurir les autres fruits. Il ſuffit d'en avoir des meilleures eſpeces: car comme ce fruit ſe garde long-temps on ne doit pas rechercher la pluralité; mais ſe contenter des bonnes, qui ſont,

Paſſe-Pomme blanche hâtive, au commencement d'Aouſt.
Paſſe-Pomme Cotellée.
Calville d'Eſté. Rambour blanc.
Rambour rouge. Couſinette.
Pomme de violette. Pomme de neige.
Calville blanc. Calville rouge.
Pomme d'Apit. Renette blanche.
Meilleure Renette rouſſe. Renette toute grize.
Petit Courpendu gris. Courpendu vermeil.
Gros Courpendu Bedeau. Francatu.
Pomme Poire. Châtaigner.

Des Poires.

IL eſt plus de differentes Poires qui meritent d'eſtre cultivées que les autres fruits. Pour le bien connoiſtre il faut les diſtinguer ſelon le temps de leur maturité & par mois, commençant par celuy de Juin, ou les premieres com-

mencent à meurir & remarquer fur quels arbres.
& en quelle fituation elles reüffiffent le mieux, &
fi elles font propres à manger crües ou à cuire.
Il faut remarquer que toutes les Poires, principalement celles d'Hyver qui font bonnes crües,
font auffi excellentes à cuire.

IVIN.

Petit Mufcat en plein air, fur franc & fur Coignaffier, en buiffon, pourveu qu'il y ait de l'a-
bry, mais parfaitement bien en plein air.

Petit Certeau d'Efté, buiffon, ou efpalier.

Janet, de mefme.

Pucelle ou Palme de toutes façons.

IVILLET.

Gros Mufcat ordinaire, plein air, franc ou Coignaffier.

Mufcat à longue queuë, de mefme façon que le
gros.   Muzette, Idem.

Gros Mufcat, ou Beliffime, Idem.

Mufcat Robert, Idem.

Cuiffe-Madame, Idem, & quelques-uns en efpalier, pour n'en point manquer.

Rouffelet hâtif, Idem, & quelques-uns en efpalier.

AOVST.

Orange commune, de toutes façons; mefme bien
en buiffon, fur franc.

Orange mufquée de toutes les façons.

Amiral commun, Idem.

Amiral Mufqué, Idem.

Petite Blanquette, par troquet, ou bouquet,
Idem.

Groffe Blanquette, ou poire de Perle, ou Cor-
nicapre, Idem.

Oignonnet, Idem.

Poire de Prince, Idem. Poire Royale, Idem.

Poire à deux teftes, Idem.

Poire raze, Idem ; mais mieux en espalier, ou en buisson, à cause qu'elle est sujette à tomber, ayant la queuë longue & menuë.

Fin-Or hâtif, de toutes façons.

Poire Carmesine, Idem.

Friolet, de toutes façons

Moüille-bouche d'Esté, Idem.

Bon-Chrestien d'Esté, Idem.

Franc Sureau, ou Poires de Pape.

SEPTEMBRE.

Rousselet ordinaire de toutes façons.

Gros Rousselet de Rheims, Idem.

Jargonnelle, Idem.

Caillau Rozart, meilleur en grands arbres, & Rude sur Coignassiers.

Parfum, de toutes sortes.

Poires sans pepins, Idem.

Poires de Sain, Idem.

OCTOBRE.

Beuré rouge, de toutes façons.

Beuré blanc, Idem.

Moüille-bouche d'Automne, ou longuet, Idem.

Rozar d'Ingrande, buisson ou espalier.

Bergamotte d'Esté, espalier seulement.

Oignon Rozar, autrement Brutte Bonne, espalier, ou buisson.

A Chilly chez Monsieur de Seves.

Poire d'Angleterre, de toutes façons.

Poire d'Ambre-gris, buisson, ou espalier.

Poire de vigne, de toutes les façons, & dure en Octobre.

Petit-Oing gris, de toutes façons.

Chat brûlé, Idem, & dure en Novembre.

NOVEMBRE.

Messire-Jean ordinaire, de toutes façons.

Messire-Jean blanc, Idem.

Bezidery, Idem, en Decembre, R v i l.

D'Amadotte, Idem. Grosse queuë d'Hyver

Bergamotte ordinaire, espalier seulement, mais pour en avoir jusques en Janvier, il faut une place de l'espalier, où il y ait peu de Soleil.

Martin-sec de toutes les façons.

Bergamotte musqué, ou Poire de Sicile, espalier, ou buisson.

DECEMBRE. *A manger cruës.*

Micet en espalier, & dure en Janvier.

Poire-Figue de toutes façons.

Rousselet d'Hyver, de Province, ou à Ruel, de Province d'Anjou.

Bon-Chrestien d'Anche cottelé, en Espalier, & s'il y a quelque bon abry en grand arbre sur franc. Bon-Chrestien rond, Idem.

Bon Chrestien long, Idem.

Bon-Chrestien doré sans pepins, Idem.

Nota qu'il faut autant de Bon-Chrestien seul dans un Espalier bien exposé, que de tous les autres fruits d'Hyver ensemble : car il est incomparablement meilleur que tous les autres, & pour le goût, & parce qu'il se mange dés le mois de Novembre, & dure jusqu'à la fin d'Aoust.

Poire de Froment, excellente aussi à cuire, plein air, en grand arbre,

Poires à cuire en Decembre.

Fin-or, ou Franc-real, grands arbres, en plein air, ou buisson peu. Dame-Jeanne, Idem.

Bon-Evesque, Idem.

Foulon, Idem.

IANVIER. *Pour manger cruës.*

Gâtelier, ou Beuré d'Hyver, de toutes façons, *Ramboüillet, & Monsieur des Noyers à Paris.*

Bergamotte d'Hyver, & en Février & Mars, *Monsieur Galand, & Monsieur de Moncy.*

Bon Chrestien, de toutes especes.

Orange d'Hyver, de toutes façons.

IANVIER. *A cuire.*

Poire d'Argent, en plein air, grands arbres.
Rateau, Idem.   Herpiene, Idem. *A Pontoise.*
Angobert, ou Languedoc. Idem.
Gros Certeau, Idem.

FEVRIER. *Cruës.*

Saint Lezin : Et aussi en Mars & Avril, de toutes
  façons, mais sujette à tomber, s'il n'est en espalier, & de plus veut grand Soleil.
Saint Lezin beuré, tres rare & excellent, veut
  l'Espalier, *Monsieur Ferrant.*
Messire Jean tardif, espalier & buisson, *de la*
  Chesnaye.   Bon- Chrestien.

FEVRIER.   *A cuire.*

Petit Certeau, plein air, grands arbres & buisson mesme, sur franc.
De la Domuille, grands arbres.

MARS. *Cruës.*

Portail, en espalier, plûtost sur franc, que sur
Coignassiers ; car il ne pousse pas trop de bois &
charge, & vient de toutes sortes.
Gros Muscat d'Hyver à grosse queuë, espalier
& buisson, *Pontoize, la Chesnaye.*

MARS. *A cuire.*

Poire de livre, plein air & grands arbres, & toutes celles de Fevrier & d'Avril.

AVRIL. *Cruës.*

Bergamotte de Beugy, plein air, espalier &
  buisson.
Poire d'Etranguillon, excellente, Idem, *Aux*
  Gobelins du Faux- bourg Saint Marcel.
Virgoulette, Idem, excellente, *Monsieur Fer-*
  rant.

AVRIL. *A cuire.*

Liquet rond, grands arbres, & plein air.
Parmain, Idem.
Bouvart, ou Chesne-Galon, Idem.

MAY. Cruës.

Double-Fleur, plein air, buiſſon; mais mieux en eſpalier. Fontarabie, eſpalier, *Pontoize*.

MAY. A cuire.

Girogille, *Pontoize*.

Du temps auquel il faut cueillir les Fruits.

TOus les Fruits à noyau & les Poires d'Eſté né veulent point eſtre ôtez de l'arbre, qu'en leur pleine maturité. Pour les Poires d'Automne, comme Meſſire-Jean, Beuré, meſme le Bon-Chreſtien d'Eſté, & la Bergamotte, ſi on veut les conſerver plus long-temps : Il eſt à propos de les cueillir avant qu'elles ſoient toutes meures, afin qu'elles prennent leur maturité dans le lieu où on les ſerrera; & de cette façon elles ſe garderont plus long-temps, & ſont plus douces & moins âpres au goût. Pour les fruits d'Hyver, tant à cuire qu'à manger cruës, ſoit Pommes ou Poires, il faut les laiſſer tout le plus long-temps qu'on peut ſur l'arbre, & juſqu'à la fin du mois d'Octobre; & prendre ſoin de les cüeillir toûjours par un beau temps, & par un beau Soleil, afin que le fruit ſoit bien ſec, & n'ait aucune humidité, lors qu'on le détache de l'arbre.

On doit bien prendre garde de ne rompre pas la queuë aux fruits, qu'il faut conſerver; & en les cueillant il ne faut gueres les toucher.

On fait aux Figuiers tout le meſme qu'aux eſpaliers, pour les planter & paliſſer; & on les taille comme les Pêchers & Abricotiers, au decours de la Lune de Mars, à cauſe qu'ils ſont moüelleux & delicats, & qu'ils craignent le froid.

FIN.

TABLE
DU CONTENU
de ce qui eſt en ce Livre.